MW01706836

ÉDITORIAL

Nous re… à notre…

Notre manière de parler témoigne de notre manière de voir les choses. Pourtant nous n'allons souvent pas au-delà de ce constat. Même si la pratique de l'hypnose nous fait savoir au quotidien que la façon dont nous nous exprimons nous influence en retour, nous ne nous rendons pas toujours compte que de parler de « notre corps » nous le fait considérer comme un objet.
Que les médecins et les paramédicaux parlent du corps de leurs patients peut, au moins en partie, se comprendre. Une grande partie de la médecine repose sur cette objectivation. Le corps est observé, palpé, pesé, ausculté, afin de rechercher des lésions, des obstructions, des rétentions et autres rétrécissements (en langage médical, des sténoses). Les kinésithérapeutes pratiquant leur métier de manière classique manipulent « le corps » de leurs patients afin de mobiliser les articulations pour les rendre plus mobiles, ou en tout cas plus mobilisables.
Les sages-femmes considèrent souvent le corps avec un autre regard. Elles voient le corps des parturientes comme actif, donnant la vie et possédant plein de ressources. Et si elles pratiquent l'hypnose, elles invitent à voir le corps comme ayant un grand savoir, notamment pour faire avec la douleur.
Et le grand public ? Il s'exprime souvent comme les médecins : « Il faut que je m'occupe de mon corps. » C'est bien louable, mais ne serait-il pas bien aussi bon *d'occuper notre corps* ? Et même d'*être notre corps* ? Sommes-nous d'ailleurs autre chose qu'un corps ?
En hypnose, nous appelons cette manière de parler de « notre corps » avec un terme particulier : la dissociation, qui est ici pathologique. Je constate que beaucoup de mes patients viennent vivre la dissociation hypnotique pour en fait apprendre à se réassocier. À leur corps. À eux-mêmes.
Dans son dernier livre, l'autrice féministe Mona Chollet[1] raconte comment la culture patriarcale aboutit à une « dépossession » des femmes de leur corps, après que, quelques années auparavant, Olivia Gazalé avait montré comment la culture romaine avait abouti à un résultat comparable pour les hommes en forgeant le mythe de la virilité[2].
Notre corps pense. Une pensée qui n'est ni rumination mentale, ni même calcul. Celle qui survient pendant le rêve et la transe hypnotique, chez tout humain qui est en contact avec la vie et ses affects qui sont en lui. Un passionnant sujet de recherche que nous explorons chaque jour avec nos patients.

1. Mona Chollet (2021), *Réinventer l'amour. Comment le patriarcat sabote les relations hétérosexuelles*, Zones, Paris.
2. Olivia Gazalé (2019), *Le mythe de la virilité. Un piège pour les deux sexes*, Pocket Agora, Paris.

LA REVUE DE l'hypnose ET DE la santé

Les auteurs de ce numéro

Nathalie Baste
est psychologue clinicienne au CHU de Saint-Étienne dans la Loire.

Olivier Benarroche
est chirurgien-dentiste à Cagnes-sur-Mer dans les Alpes-Maritimes.

Jeanne-Marie Jourdren
est kinésithérapeute à Lannion dans les Côtes-d'Armor.

Catherine Martin
est chirurgien-dentiste à Lagraulière en Corrèze.

Judith Herz
est ostéopathe à Paris.

Judith Lacoue-Labarthe
est psychologue clinicienne à Vannes dans le Morbihan.

Cyril Le Roy
est infirmier au CHU d'Angers et hypnothérapeute.

Silvia Morar
est neurochirurgienne. Elle enseigne l'hypnose et l'hypnoanalgésie à l'université Paris-Sud.

Gaëlle Antoine
est médecin urgentiste à Lunéville en Meurthe-et-Moselle.

Antoine Bioy
des universités, habilité à diriger des recherches (université Paris 8).

Jean-Claude Lavaud
est anthropologue et hypnothérapeute à Saint-Pierre (île de La Réunion).

Dan Short
est psychologue à Scottsdale, Arizona (USA).

Consuelo Casula
est psychologue du travail à la Scuola Italiana di Ipnosi e Psicoterapia Ericksoniana.

François Bourgognon
est psychiatre et psychothérapeute à Nancy en Lorraine.

Rashit Tukaev
est médecin membre de l'Académie de médecine russe à Moscou.

Fanny Nusbaum
est psychologue, chercheuse associée en psychologie et neurosciences à l'université de Lyon, dans le Rhône.

Isabelle Federspiel
est anesthésiste réanimatrice à Angers, en Maine-et-Loire.

Gérard Ostermann
est professeur de thérapeutique, médecin interniste, psychothérapeute analyste.

Thierry Servillat
est psychiatre, à Rezé, dans la banlieue nantaise en Loire-Atlantique.

Sommaire

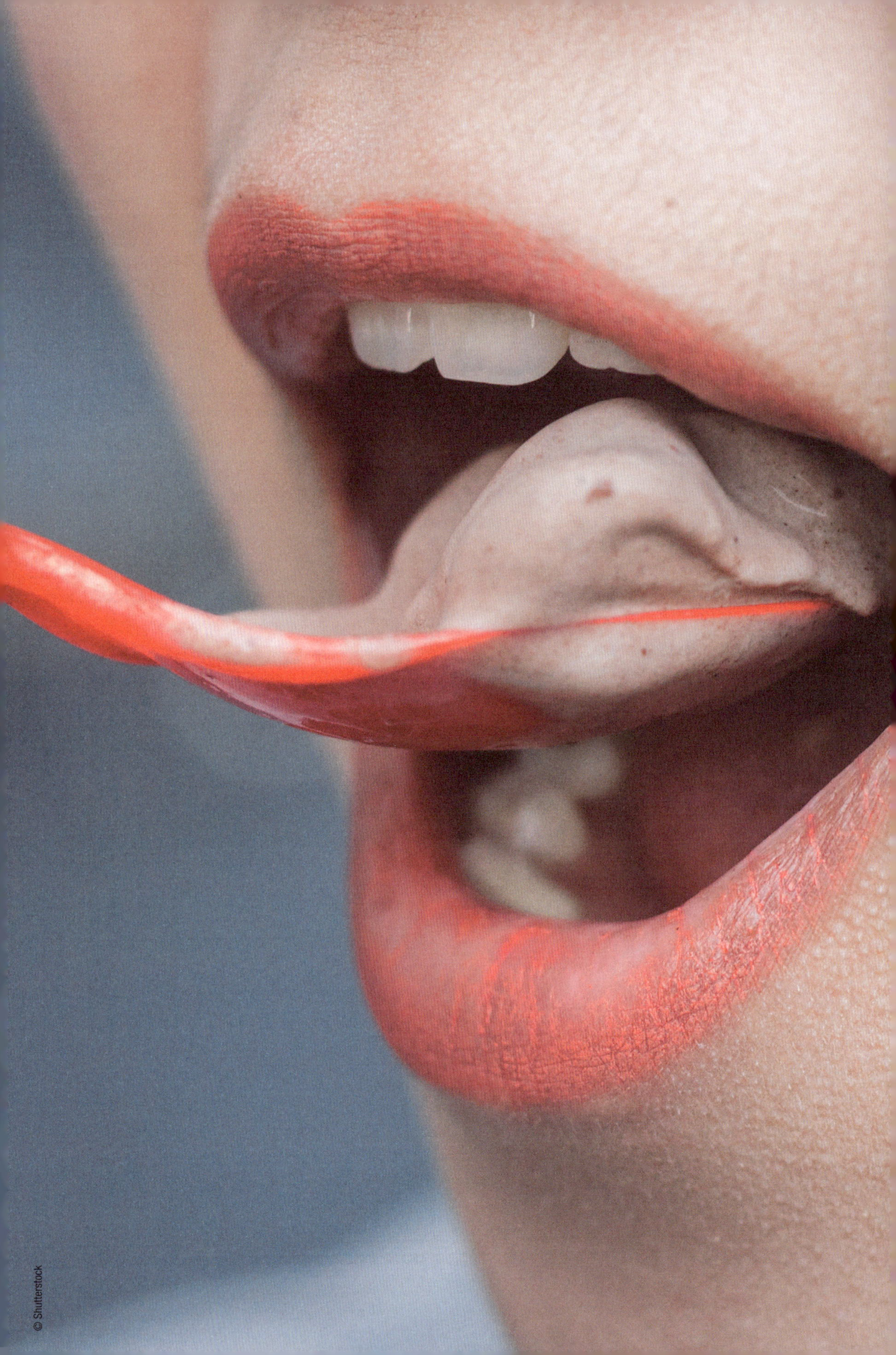

© Shutterstock

Un exercice en cuisine! Le nouveau livre de Joëlle Mignot est ouvert

Des formules hypnotiques pour « mettre l'eau à la bouche »

La rédaction

Tétons de Vénus
Ingrédients pour 4 personnes
4 belles pommes
3 œufs
50 g de farine tamisée
50 g de pistaches non salées en poudre (ou poudre d'amandes ou de noisettes)
100 g de sucre en poudre
40 g de beurre salé
Un demi-litre de lait demi-écrémé
Une demi-gousse de vanille
8 framboises
Prévoir 4 petits plats ovales

Préchauffez le four à 150 °C.
Faites chauffer le lait avec la gousse de vanille fendue.

Pendant ce temps épluchez les pommes. Coupez-les en deux dans le sens de la largeur et enlevez délicatement le trognon. Réservez.
Battez les œufs avec le sucre jusqu'à ce que le mélange blanchisse.
Ajoutez en pluie et en mélangeant la farine puis le lait chaud en battant bien.
Incorporez le beurre en petits morceaux. Beurrez les moules et posez deux demi-pommes dans chaque petit moule ovale du côté plat de la coupe. Ajoutez la pâte en laissant apparaître le bombé des demi-pommes.
Faites cuire au bain-marie pendant 35 à 40 minutes dans le four préchauffé. Laissez refroidir et poser une framboise sur chaque demi-pomme.
La cuisson doit être douce pour que les pommes cuisent à point!
Le secret du praticien : accueillir le réel tout en s'autorisant à rêver... tout un apprentissage. L'espace et le temps sont modifiés par l'expérience hypnotique, notre rapport au monde par la même occasion et c'est cette autorisation qui ouvre vers de nouveaux paysages intérieurs, qui va, tout en s'ancrant en douceur, permettre l'évolution... accepter d'être bousculé par ce qui advient dans la séance, comme dans la vie.

En de petites adresses ordonnées selon une progression sensuelle, Joëlle Mignot, en maîtresse de maison expérimentée, nous accompagne au repas des sens physiques et fantasmés.

La déclaration, première formule décisive, ouvre l'appétit de lecture.

Et de mise en pratique...
Cet ouvrage, destiné à un public curieux de saveurs, ravira un lectorat professionnel qui trouvera dans ces pages des alliances inédites entre le quotidien domestique, la nourriture, et l'activité thérapeutique, le soin.
Voilà un menu copieux!
En effet, ce livre peut se lire de plusieurs manières à la condition de le considérer comme une magnifique métaphore où le sommaire n'est pas autre chose qu'une merveilleuse pâte à feuilleter. Autant de niveaux de lecture que le mot « restaurer » peut générer. C'est là le secret de cet ouvrage, à l'instar d'un livre de contes orientaux, que de proposer un véritable kaléidoscope pour se nourrir, retrouver des forces, stimuler son imagination et peut-être aussi d'autres combinaisons sensorielles inédites.
Lors d'une séance de dédicace, des lecteurs s'interrogeaient sur le choix du titre et questionnaient Joëlle Mignot : « *pourquoi l'hypnose dans la cuisine plutôt que la cuisine dans l'hypnose ?* » Tout simplement pour développer un aspect essentiel de l'hypnose, celui d'un état d'esprit, d'un regard qui donne, grâce à ce point de vue, une vitalité nouvelle à une activité quotidienne.

Retrouver en soi de la stabilité

Il nous arrive d'être déstabilisés, en difficulté face à un événement ou une situation, ou bien aux actes ou aux propos de l'autre...

Nathalie Baste

Quand le sentiment de sécurité, de stabilité se trouve entamé, nous avons besoin de le trouver en nous-mêmes. Alors se pose la question : que faire ? Comment faire ? Comment activer nos propres ressources ?

Voici un exemple d'autosuggestions possibles, que vous pouvez mettre en œuvre pour vous-même et peut-être, proposer à vos consultants quand le besoin s'en fait ressentir.

Le principe est d'utiliser un bon souvenir, un événement agréable, de l'explorer à partir des cinq sens, avec tout son corps, de le respirer, de le sentir en soi-même. Il s'agit de considérer l'événement à partir de chacune de ses parties et également dans sa globalité. Puis nous laissons disparaître la scène en prenant soin de garder un seul élément sensoriel. Si celui-ci est une couleur nous la prenons comme telle, si c'est un autre élément sensoriel, une sensation tactile, une sonorité ou bien un parfum, nous pouvons le laisser intact ou bien lui laisser prendre une autre forme ; une sensation tactile peut par exemple évoquer une couleur ou autre chose.

Ainsi l'espace de sécurité se construit à partir d'un élément d'un bon souvenir, d'un événement agréable qui s'offre et qui sera utilisé.

Je prends soin de m'installer là où je suis... simplement de considérer

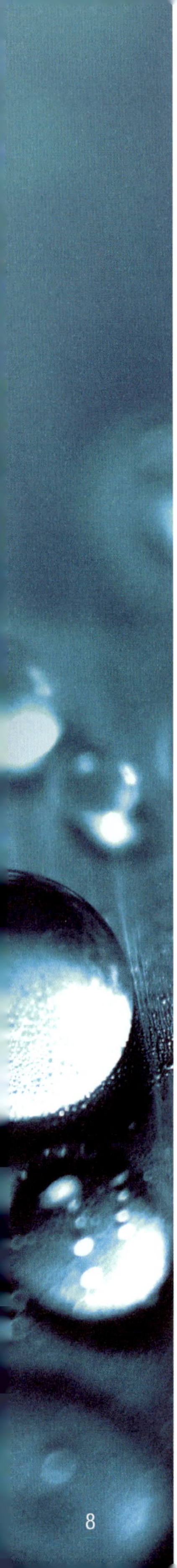

l'espace où naturellement j'ai pris place… considérer ma position (debout, assis·e, allongé·e)… rectifier ma position si je le souhaite… ou pas…

Je prends place dans mon espace… de plus en plus présent·e à cette place… je considère l'espace autour de moi… devant… à ma droite… derrière… à ma gauche… en dessous… au-dessus… ainsi je suis bien situé·e dans mon espace actuel…

J'entre peu à peu et de plus en plus à l'intérieur de mon corps… dans mon corps, ça bouge… ça vibre… ça vit… je sens les mouvements de la respiration dans le ventre… le ventre bouge… se gonfle et se dégonfle… le plexus solaire et la poitrine se soulèvent et redescendent… tranquillement… naturellement… l'air entre dans le nez qui vibre légèrement… et ressort doucement… je me sens invité·e à l'intérieur de moi-même… chaque souffle me permet d'explorer cette vie intérieure… et je me laisse porter par ce fil de vie… cette succession d'expirations… de petites pauses… d'inspirations…

Je m'offre alors une escapade dans un souvenir récent… comme si je pouvais revivre dans mon corps et dans ma mémoire une journée de mon passé récent, un événement de mon passé récent… le décor se met en place… tout se passe comme si j'étais à cet endroit de mon passé… la journée, l'événement, l'endroit, tout se délimite naturellement… et je prends place là… je sens les choses avec mes cinq sens… ma respiration… tout mon corps… je peux me déplacer… sentir les mouvements de mon corps… je peux sentir l'alternance de tension et de détente dans mes muscles pour effectuer les mouvements… simplement… tranquillement… je marche lentement et je sens l'ensemble de mon corps… lorsque les pas se succèdent, je sens les muscles de mes jambes et également ceux de mes bras, de mon dos s'activer naturellement… pour parcourir cet endroit, tout mon corps se met en action, tension, détente, tension, détente… je parcours le lieu… je perçois l'ambiance… je sens sa température… fraîcheur… tiédeur… chaleur…

Je touche un objet… je sens sa surface… sa texture… sa température… puis un autre objet… peut-être un objet de la nature… sentir du bout des doigts… sentir avec la paume des mains… sentir avec les bras… prendre contre soi… et parcourir l'endroit ainsi tranquillement…

Je regarde autour de moi… je balaye du regard… parfois mon regard se fige sur un objet… sur un objet de la nature… sur une forme… sur une couleur… le plaisir des yeux…

Je respire l'air de cet endroit… un parfum trouve alors un chemin dans mes narines… je respire tranquillement ce parfum… au bord des narines… à l'intérieur des narines… dans la gorge… dans l'arrière-gorge… un doux parfum… je le laisse faire… est-il frais… chaud… sucré… salé… fruité… acidulé… ambré… boisé… ou autre chose… ? Ce parfum si présent prend place à l'intérieur de tout mon corps… tranquillement… agréablement…

Je continue de parcourir mon endroit lorsque se présente une sonorité…

un bruit... une musique... une voix... j'écoute la sonorité et également le silence qui l'accompagne... sonorité et silence... je sens les infimes vibrations dans les conduits auditifs... à la surface des oreilles... dans les fibres musculaires... à la surface de la peau...
Toutes les sensations s'entremêlent... sont présentes, chacune pour elle-même... et toutes ensemble... comme un merveilleux ballet qui s'agite et se pose en autant de mouvements que de sensations...
Je peux simplement me demander : quelle sensation ai-je besoin de garder maintenant ?
Il est possible que la première sensation perçue à cet instant soit la bonne, celle dont j'ai besoin, que je souhaite maintenant...
Alors j'accueille pleinement cette sensation... je la garde précieusement... je peux garder la sensation intacte ou bien lui donner une autre consistance... une autre forme... une couleur...
Cette sensation se situe tout juste devant moi... elle m'entoure tout doucement dans son mouvement propre... elle vient m'envelopper... Elle se développe devant moi... à droite... derrière... à gauche... elle passe par-dessous... elle passe pardessus... elle forme une sorte de bulle dans laquelle je prends place... elle m'enveloppe... elle m'entoure... elle me porte... je me sens en sécurité dans cette bulle... Porté·e... soutenu·e... je viens de prendre place dans mon espace de sécurité... je prends le temps d'apprécier cet espace... aussi longtemps que j'en ai besoin... aussi longtemps que je le souhaite...
Quand ce sera le moment... la bulle commencera à se défaire... à s'amenuiser... et à disparaître... bien tranquillement, car je sais que je retrouverai ma bulle de sensations, de sécurité, à chaque fois que j'en aurai besoin, à chaque fois que je le souhaiterai...
Je sens les petits mouvements de mon corps, presque imperceptibles d'abord, et plus amples et de plus en plus amples... tout mon corps se met à l'œuvre, les muscles, la respiration, les cinq sens et me permettent de revenir pleinement là où je suis... de retrouver ma place actuelle et de complètement me situer à ma place actuelle...
Je peux reprendre le cours de ma journée... tranquillement... naturellement...

Une dynamique des inductions directes

Cette infographie, extraite du livre *Manuel clinique des inductions directes*, offre - en un coup d'œil - un résumé ludique et simplifié sur la dynamique des inductions directes.

Olivier Benarroche

Comme on peut le voir, certaines étapes sont communes à toutes les différentes techniques d'induction, qu'elles soient progressives, rapides ou instantanées. En effet, dans tous les cas, le préalable essentiel consiste en l'établissement

Préalable essentiel : l'établissement d'une alliance thérapeutique forte

d'une alliance thérapeutique forte. Plus l'approche est directe et plus il est important de créer un solide rapport (phase 1), empreint de confiance, de sécurité et de motivation.

Par la suite, une phase plus ou moins marquée d'approfondissement (phase 4) est toujours utile pour stabiliser et potentialiser le changement d'état de conscience. Celui-ci peut être réalisé par différents procédés : par comptage, par fractionnement, par métaphore, etc.

On peut ensuite considérer que le sujet se retrouve alors dans un état optimisé de disponibilité et de suggestibilité, autorisant plus spécifiquement le travail hypnotique (phase 5). Vous utilisez alors des suggestions thérapeutiques ciblant l'objectif déterminé en début de séance.

À l'issue de ce travail, qui idéalement a pour objet d'aboutir à l'appropriation des suggestions par le sujet,

La dynamique des inductions rapides et instantanées

UN PROCESSUS EN SIX ÉTAPES

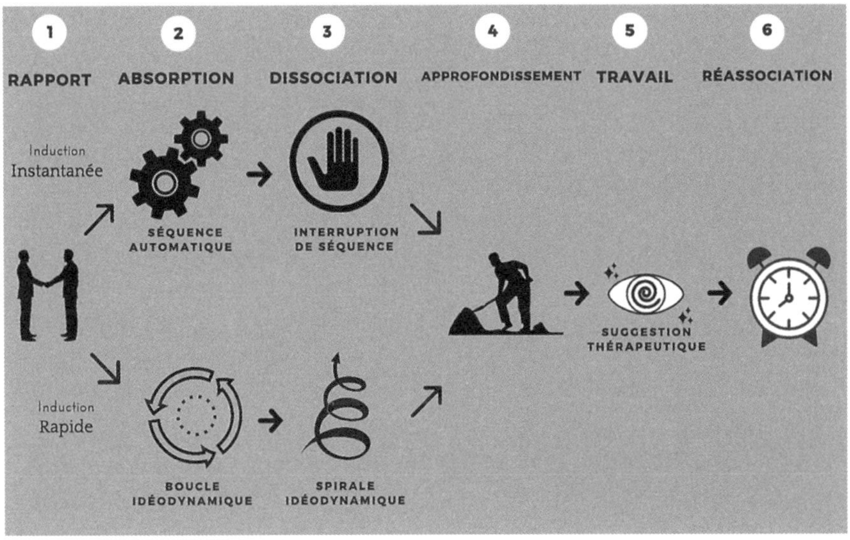

à leur intégration, il est indispensable de procéder à une réassociation rigoureuse (phase 6).

Ce qui est intéressant ici, c'est de voir comment on peut distinguer les phases clés d'absorption (phase 2) et de dissociation (phase 3), propres aux inductions directes.

Dans les inductions rapides, vous allez créer une boucle idéodynamique, en focalisant l'attention sur un mouvement ou une sensation, en ratifiant le changement en cours et en le reliant à une nouvelle suggestion. L'empilement rapide de boucles ratifiant de proche en proche un fonctionnement automatique crée une spirale qui développe la dissociation de manière rapide.

Dans les inductions instantanées, vous créez d'abord une ou plusieurs séquences automatiques, qui ont pour avantage de susciter un fonctionnement inconscient et de fixer l'attention de manière répétitive. Puis vous interrompez sans prévenir ce flux, de manière à créer une sorte de vide neuronal, au sein duquel une suggestion directe permet de créer une dissociation instantanée.

Restez disponible pour vous adapter en permanence aux réactions du patient

Avec ce schéma en tête, vous pouvez garder une trame efficace au cours de votre séance, tout en restant disponible pour vous adapter en permanence aux réactions de votre sujet, de manière flexible.

Illustration clinique

J'ai participé, avec l'école OB1 FORMATIONS, à une mission humanitaire à l'hôpital de Siem Reap au Cambodge. Faute de moyens, les conditions de prise en charge des patients douloureux sont assez terribles. Il faut intervenir rapidement, en tenant compte des limitations dues au bruit incessant, à la barrière de la langue et aux différences culturelles.

On m'appelle au chevet d'un patient d'une trentaine d'années, qui sort d'une cholécystectomie, et se plaint de fortes douleurs abdominales, d'insomnie et d'asthénie. Je lui explique sommairement que je peux l'aider grâce à une technique de relaxation utilisant l'imagination.

Phase 1, de rapport

Je lui demande s'il est d'accord pour commencer en posant sa main sur la mienne. Après une hésitation, il le fait délicatement, le rapport s'établit en non verbal. Progressivement je peux sentir sa main s'alourdir, gage de son relâchement.

Phase 2, d'absorption rapide

Je lui demande alors de fixer un point dans la paume de ma main que je positionne à une trentaine de centimètres de son visage. Quand je vois que son regard se fige, je suggère : « comme vos yeux regardent ce point dans ma main, votre vision commence à se troubler. Et alors que vos yeux fatiguent, votre respiration commence à ralentir, très bien... et la prochaine profonde expiration entraîne les yeux à se fermer automatiquement, voilà parfait... »

Phase 3, de dissociation rapide

« Et comme ces yeux se sont fermés d'eux-mêmes, c'est comme s'ils étaient tellement fatigués qu'ils sont comme collés et impossibles à ouvrir... Et tout en faisant comme s'ils sont complètement soudés, vous les testez en essayant de les ouvrir, voilà très bien. De même, vous pouvez laisser votre corps s'enfoncer confortablement dans le lit pendant que votre imagination vous emmène ailleurs... comme dans ce jardin que vous aimez tant... »

Phase 4, d'approfondissement

« Pour vous y rendre, vous descendez les dix marches d'un escalier et, à chaque pas, votre respiration s'approfondit pendant que votre confort augmente, voilà, au même rythme que la respiration qui s'est maintenant bien ralentie... 1, 2, 3, 4, 5, 6, 7, 8, 9 et 10... »

Phase 5, de travail

« Et dans votre jardin vous faites avec vos mains le plus magnifique bouquet de fleurs. En coordonnant les formes et les couleurs, très bien... et le parfum d'une fleur particulière vous enivre, passe par vos narines, descend dans votre gorge puis votre poitrine, en répandant du confort et du bien-être, qui arrive dans votre ventre pour le détendre agréablement... voilà. Et vous savez que chaque fois que vous en aurez besoin, il vous suffira de retrouver le parfum de cette fleur pour éprouver ce profond confort en pleine quiétude, et pour dormir facilement de manière réparatrice... »

Phase 6, de réassociation

« Vous avez fait un formidable travail et dans un instant, vous allez revenir à vous en ramenant tout le bien-être nécessaire... vous terminez l'exercice en empruntant l'escalier dans l'autre sens, et à zéro vous ouvrirez les yeux pour retrouver vos repères habituels, 10, 9, 8, 7, 6, 5, 4, 3, 2, 1, et zéro ! Parfait. »

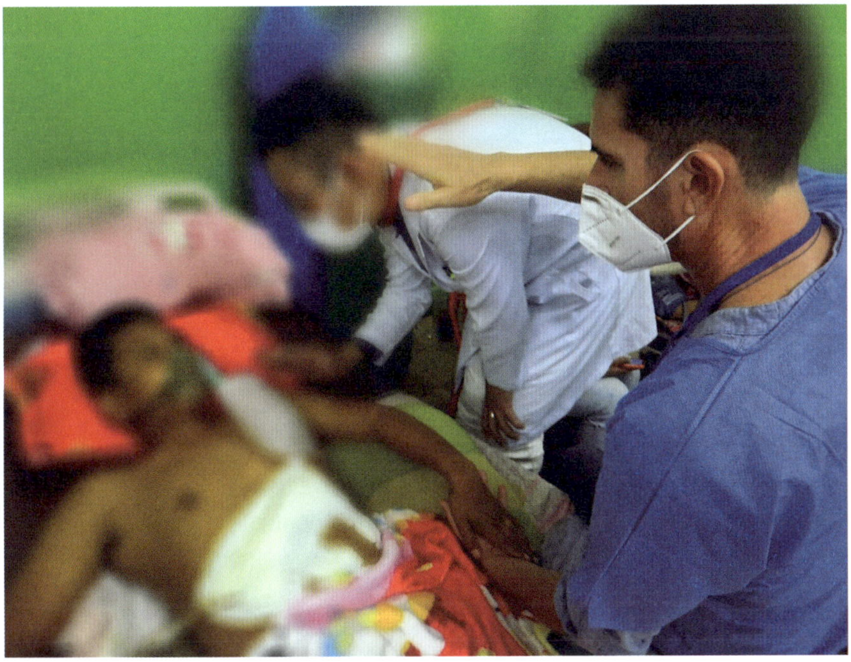

Le mouvement essentiel à la vie

Les bénéfices de l'activité physique ne sont pas immédiats. Mais ça en vaut le coup !

Jeanne-Marie Jourdren

Du bourgeon qui éclôt au fruit bien mûr, quelques semaines vont s'écouler. Pour profiter pleinement des bénéfices d'une activité physique, quelques semaines seront peut-être indispensables, mais le chemin parcouru en vaut le coup! La patience et la persévérance dans une pratique régulière peuvent aboutir à un bien-être intense. Ce bien-être est aussi physique que mental et énergétique : un juste équilibre pour bien avancer sur le chemin de la vie et pouvoir retrouver l'équilibre.

> « Un juste équilibre »

L'énergie de vie présente dans le corps est variable selon les individus. Elle dépend de la physiologie, de la psychologie et de la constitution de chacun. Elle varie aussi en fonction des moments de la journée, peut-être, aussi des saisons. L'énergie anime notre corps toute notre vie.

Le corps traduit notre histoire et peut-être au-delà. Il reflète nos capacités et nos émotions. La façon dont nous bougeons est la fidèle traduction de l'animation de notre monde intérieur. La fluidité du mouvement n'est que le signe d'une souplesse de notre monde intérieur. Faire circuler l'énergie dans notre corps est donc vital !

L'énergie est à portée de main, elle ne demande qu'à circuler pour nous équilibrer.

La toute première activité physique qui nous relie à la vie est notre respiration. Elle est le mouvement essentiel à la vie. Chaque individu a un rythme, une amplitude, une durée de l'inspiration et de l'expiration, un temps de pause, poumons pleins, et poumons vides uniques. Prenons le temps d'observer cette capacité vitale qui nous remplit d'énergie :
Installée debout, les bras relâchés de part et d'autre du corps, les pieds bien posés sur le sol, c'est-à-dire avec les talons et la base des premiers et des cinquièmes métatarses bien ancrés au sol comme s'ils avaient de magnifiques racines qui allaient, au fur et à mesure des respirations, descendre de plus en plus profondément jusqu'au centre de la Terre ; je ferme les yeux si j'en ressens le besoin et j'observe le mouvement de la respiration. Il s'installe plus profondément et se modifie petit à petit : le ventre se gonfle puis la cage thoracique, les épaules se soulèvent quelque peu. Mon attention se pose sur la quantité d'air qui rentre au niveau du nez : au moment où je l'observe, quelle narine apporte une quantité d'énergie apaisante ? Quelle narine apporte une quantité d'énergie plus importante ? J'observe... Je prends conscience de ce qui se joue dans mes narines en étant curieuse de ce que provoque la quantité d'air à l'inspiration puis à l'expiration. La quantité d'air était-elle différente en terme quantitatif et en terme qualitatif ? Prenez plaisir à observer au fur et à mesure des respirations tout ce qui se transforme, là où cela se transforme. Jusqu'où ressent-on cette énergie : jusque dans les doigts ou juste dans les bras et la poitrine ? L'énergie circule-t-elle jusque dans les pieds ou bien au bout de chaque orteil ? J'observe... Chacun son ressenti... L'énergie va là où se pose l'attention.

D'abord, la respiration

J'observe le confort que ce premier exercice fournit à tout mon corps, des pieds jusqu'au sommet de la tête. Gardez-vous d'une compréhension intellectuelle de cet exercice : expérimentez-le et prenez plaisir à le répéter pour en profiter pleinement.
Installée dans la même position, debout, immobile, bien ancrée au sol, je vais réaliser une respiration appelée « respiration en carré » : j'inspire par le nez et je maintiens quelques secondes les poumons pleins. J'expire (toujours par le nez) sur un temps similaire au temps d'inspiration puis je maintiens en poumons vides. J'inspire et j'expire pendant quatre secondes pour que cela reste très confortable. Je répète cette respiration en carré pendant deux à trois minutes pour débuter, puis progressivement augmenter le temps de pratique. Le confort doit s'amplifier de répétition en répétition. Plus mon attention est focalisée sur les caractéristiques de ma respiration, plus mon mental devient calme, apaisé. Si les circonstances et les activités de la vie quotidienne nous éloignent en permanence de cette activité vitale, les exercices de respiration, quant à eux, viendront exacerber notre bien-être au quotidien.

Tout comme le mouvement vital de la respiration, l'acte moteur de la marche demande un recrutement de tonus et de vitalité individuelle inconscients qui restent spécifiques à chaque individu. Ces processus évoluent grandement avec le temps et s'inscrivent dans le corps comme une signature sensitivo-motrice révélant les états du monde intérieur de l'individu. La façon dont nous nous mettons en mouvement met en lumière la fluidité de notre façon de fonctionner : c'est au sein du plus profond et du plus intime de notre corporalité, là où émerge cette instantanéité motrice du geste de la marche que l'on peut observer, le cas échéant, des désordres sensorimoteurs ou émotionnels, quelles que soient leurs origines.

Si la marche, est un fidèle reflet de notre monde intérieur, il semble plus qu'essentiel de travailler cette mise en mouvement pour la rendre fluide, efficace et très confortable. Je vous propose deux exercices spécifiques pour gagner en souplesse et rendre la marche bien plus efficiente pour parcourir votre chemin de vie avec aisance et confort.

Dans le premier exercice, nous retrouvons la position initiale dans laquelle l'enfant découvre la motricité, c'est-à-dire allongé sur le dos. Prenons juste le temps d'observer les points de contact du corps sur la surface sur laquelle nous sommes allongés : observons tout d'abord le contact de la main droite, du bras droit, des épaules, de la tête, du bras gauche, du dos à gauche, de la jambe gauche, de la jambe droite, du dos à droite et enfin de l'empreinte de tout notre corps. Une fois ce balayage corporel effectué (le *bodyscan*), nous pouvons démarrer l'exercice.

Toujours allongés sur le dos, tournons la tête vers le côté où nous allons tourner et allongeons le bras dans cette direction. Posons la main opposée sur l'épaule du côté où nous tournons. Plions le genou opposé au côté où tourner. Initions le mouvement de retournement du corps à partir du bas du corps : par le genou et la hanche. Effectuons deux roulements complets sur un côté : dos – ventre – dos. Répétons l'exercice en amorçant le mouvement grâce à l'autre membre inférieur. Une fois l'exercice terminé, installons-nous allongé sur le dos et observons ce qui a changé. Comment les points de contact du corps sont différents. Prenez plaisir à observer toutes les nouvelles sensations.

Cet exercice simple favorise non seulement la coordination motrice de l'ensemble de l'appareil locomoteur, mais il améliore aussi la souplesse de la colonne vertébrale et la performance du système vestibulaire indispensable pour garder l'équilibre.

Le deuxième exercice a aussi pour but d'améliorer l'équilibre et la coordination, mais il a la particularité de stimuler certaines compétences comme la capacité de focalisation sur la corporalité si importante pour améliorer sa concentration à effectuer des tâches et booster sa créativité.

En position debout, détendue, les jambes légèrement écartées, une jambe va s'écarter sur le côté, fléchie, pointe de pied dans l'axe de la jambe, la tête se tourne du même côté. Le regard cherche un point fixe à l'horizon. Le bras du même côté s'allonge en avant ; l'autre bras est relâché le long du corps : c'est la position de l'escrimeur. Le genou fléchit le plus loin possible alors que l'autre pied reste bien à plat sur le sol, immobile. Le mouvement se répète trois fois de suite lentement : on fléchit et on revient au centre. Nous pouvons observer toutes les différences de sensations entre un hémicorps et l'autre : quel est le plus léger ? Quel est le plus détendu ? L'énergie circule-t-elle de la même façon d'un côté et de l'autre ? Juste, observez toutes ces différences.

L'escrimeur, ou comment se rééquilibrer

L'exercice est à répéter de l'autre côté afin de trouver un équilibre de sensation pour être aussi détendu et confortable dans tout le corps. L'amélioration de la perception de l'enveloppe corporelle favorise le mieux-être. Être bien dans sa peau pour savourer chaque moment de vie ! Ces exercices sont à pratiquer quotidiennement pour contrecarrer les effets d'une sédentarité galopante. Au fur et à mesure, le confort va s'intensifier, l'énergie disponible accrue vous donnera envie de bouger davantage : un vrai cercle vertueux ! La vie est mouvement, nous sommes faits pour aller de l'avant !

© TheOtherKev

© Shutterstock

Dissocier et distraire : exemples cliniques

L'enthousiasme, l'énergie et la créativité de Catherine Martin, une multitude d'idées pour accompagner les enfants au cabinet dentaire.

Catherine Martin

Guignol, célèbre marionnette lyonnaise du début du XIXe siècle, a été créée par Laurent Mourguet, à cette époque exerçant en tant qu'arracheur de dents sur les foires. Avant d'être le spectacle à elle seule, la marionnette à gaine était un moyen d'attirer l'attention des passants, de faire rire, distraire et encourager suffisamment ses clients pour pouvoir supporter ce qui les attendait.
Le théâtre de Guignol est encore actif de nos jours, les expressions reprenant son nom sont nombreuses. Parfois négatives, toujours amusées : faire le guignol est souvent source de rire. C'est aussi une source d'informations, comiques et satiriques, et ce, depuis sa création jusqu'à nos jours, pour n'évoquer que les successeurs télévisuels de Guignol. Cet article vous propose un regard parallèle sur ce phénomène dans le domaine du soin. En tant que chirurgien-dentiste, je ne peux que rendre hommage à son créateur, d'avoir su trouver une méthode de distraction élaborée.
Je pratique la chirurgie dentaire depuis plus de trente ans, et notamment des extractions de dents chez les enfants, mon exercice étant réservé à l'orthodontie et la petite chirurgie qui s'y rapporte. Les situations cliniques qui seront évoquées ici sont donc ciblées vers les enfants (à partir de 4 ans) et leurs parents. Le tutoiement fait partie du langage utilisé, et bien sûr

les tournures sont adaptées. Notons qu'elles conviennent en général aussi aux parents, à qui un langage simple sera utile pour soutenir si besoin l'enfant à la maison.
Les approches des thérapies brèves et de l'hypnose deviennent vite indispensables à toute situation de soin, et l'accompagnement hypnotique est fait systématiquement pour chaque acte, même réputé anodin ou bénin. Il sera plus ou moins accentué ou soutenu, principalement en fonction des besoins du patient.
Mais pourquoi parler de Guignol ? Parce que le levier principal utilisé est celui de la distraction. Manipuler et animer un objet est déjà un spectacle en soi. Y adjoindre votre savoir-faire hypnotique et clinique lui donnera toute son efficience. Tel le ventriloque qui parle à sa marionnette, vous allez vous adresser à une partie du corps de votre patient : les yeux, les mains, les doigts, les pieds, tout autant qu'à lui en entier, en posant des questions qui demandent une réponse motrice.

Les approches des thérapies brèves et de l'hypnose deviennent vite indispensables à toute situation de soin

Avec la marionnette, l'œil est attiré par un objet animé, à qui l'imagination confère une indépendance vis-à-vis de son marionnettiste. Elle semble dès lors avoir des mouvements volontaires, des pensées et des décisions propres. En attirant le regard du patient vers une partie de son corps, comme pour le distraire, au sens commun d'être distrayant, il sera alors possible de lui conférer une dimension plus grande, dissociative. En focalisant l'attention, l'imagination, les perceptions vers l'objet *distracteur*, c'est la dissociation qui va pouvoir opérer, en estompant ou en mettant à l'écart ce qui est du domaine de la douleur ou de l'anxiété. Ce phénomène d'hypnoanalgésie, bien connu, est allié comme toute transe hypnotique à la distorsion temporelle (le patient s'exclame à la fin du geste : « c'est déjà fini ! »).

“ Le patient s'exclame à la fin du geste : « c'est déjà fini ! » ”

Utiles pour bonifier le vécu du patient, les suggestions post-hypnotiques de réutilisation de ce « jeu », ou de cette expérience à sa convenance et à son avantage seront précieuses pour faciliter les éventuels actes à venir.
Les exemples qui vont suivre sont pratiqués par le praticien qui réalise l'acte en même temps qu'il entretient la transe chez son patient. Il s'agit d'observer pour agir et réagir au rythme du patient, nourrir la distraction pour qu'elle soit suffisante à le focaliser sur autre chose que le soin, sur ce qui peut lui être utile. Dans certains cas il faudra cadrer et

annoncer une transe formelle, dans beaucoup d'autres cas, le contexte du soin facilite le passage : c'est la surprise et la confusion qui induiront la suite.

Beaucoup d'auteurs nous ont permis de réfléchir sur les termes de dissociation, association et désassociation, réassociation. Précisons que nous emploierons le terme de dissociation pour nommer un phénomène physiologique, en laissant de côté les troubles ou les pathologies dissociatives. La dissociation physiologique est quotidienne et banale, apporte un plus à l'individu en permettant notamment d'effectuer de nombreux gestes, de tenir des positions corporelles statiques en conservant un confort relatif. Elle permet parfois, souvent, une meilleure réassociation du patient, réconcilié avec un acte qu'il craignait auparavant.

Dans mon exercice de chirurgien-dentiste, c'est ce qui permet d'exécuter un acte de façon précise, soutenue, durable, répétitive ; tout en étant capable d'en anticiper les suites, d'adapter et modifier si besoin le déroulé. Et dans une autre partie de la pensée : de faire des apartés ; sur l'état du matériel, sur ce qui est prévu ce soir, ou d'autre chose encore qui pourrait y survenir, ne serait-ce que la satisfaction d'être là. Tout ceci en tenant le discours *distracteur* au patient, pendant que nos mains, nos yeux, exécutent ces gestes si précis, indispensables à la bonne réussite. Le métier que je pratique n'est pas toujours compatible avec la discussion. Mes doigts sont dans la bouche du patient qui ne peut parler à sa guise. Pourtant, ce qui est favorable à la distraction, c'est la relation qui s'établit et s'entretient entre les deux protagonistes. Nous allons

Ce qui est favorable à la distraction, c'est la relation qui s'établit et s'entretient entre le praticien et le patient

donc échanger avec le patient en donnant un code de communication autre que verbal : la distraction est donc un métier très sérieux ! Plutôt que distrayant, je préfère dire que c'est *distracteur* : il s'agit bien de tirer l'attention et l'énergie du patient vers ce que je lui propose. Telle que je souhaite vous la présenter, c'est plutôt une préoccupation constante d'attitude et de discours apte à focaliser la personne sur quelque chose d'autre, de plus intéressant, bénéfique pour lui que l'acte douloureux qui est en train de se passer. En effet, la perception de la majorité des actes est désagréable, et souvent vécue comme douloureuse. Même si l'influx nociceptif est annulé grâce à l'anesthésie, le vécu émotionnel, affectif, cognitif, traumatique, reste entier : c'est celui-là qui pose ou posera problème. C'est bien là que notre action hypnotique a toute sa place.

> « Plusieurs éléments peuvent maintenir la distraction : surprise, confusion, images, métaphores, variations de rythme... »

Maintenir la focalisation sur autre chose en utilisant le questionnement sur ce qui est perceptible dans la pièce : c'est l'objectif principal et je ne l'explique pas à l'avance. Au contraire, le processus est proposé comme faisant partie du déroulement habituel du soin, le patient s'attendant à recevoir des consignes et conseils, il est réceptif et attentif. La compréhension de sa part de ce qui est « nouveau » ou étrange se fait par un autre biais : celui de l'action et de la proprioception. En prenant part de façon active, il montre qu'il en ressent les effets ludiques, bénéfiques. Il est fréquent d'observer un bras ou une jambe qui restent figés en lévitation, le regard qui se fixe, tous ces signes de transe qui montrent que l'expérimentation peut devenir une expérience positive pour lui. Il comprend que ce « jeu » est à sa portée. Il est facile ensuite de suggérer de mettre en pratique spontanément ce qu'il vient d'apprendre.

Il y a donc plusieurs éléments qui peuvent maintenir la distraction : surprise, confusion, images et métaphores, et les variations de rythme. Comme un spectacle de la marionnettes, rythme et inventivité : la surprise ne peut pas être répétée, elle n'a de sens que si elle est unique ; il faudra varier les scénarios. C'est plus facile que cela n'y paraît : l'effet de surprise est obtenu à partir de choses anodines, comme une marionnette imaginaire au bout des doigts du patient, faire compter du pouce vers l'auriculaire dans un sens puis dans l'autre, lever l'auriculaire en premier, faire comparer ou modifier la taille de l'index au majeur, faire échanger les talons entre eux, ou les deux pointes de pied, ou encore inciter les chaussures à « regarder » vers la porte, puis vers la fenêtre... Proposer et utiliser de façon systématique cet accompagnement est un excellent moyen de développer l'imaginaire. Pour le praticien c'est aussi le moyen de s'entraîner à ce mode de langage, et pour le patient c'est l'occasion soit de découvrir soit de retrouver une façon de faire passer le soin plus vite, et mieux.

Les exemples qui suivent, détaillés en image et en texte, ont été inventés lors de prise d'empreintes. En effet, ce geste non douloureux est pourtant anxiogène avec le plus souvent la peur d'étouffer, souvent amplifiée par les témoignages de proches. Ces empreintes « avec la pâte que l'on met dans la bouche », seront plus faciles à accepter en employant un vocabulaire plus accessible : « moulage » au lieu de « empreinte », « cuillère » au lieu de « porte-empreinte », et en précisant le facteur temps de façon imagée : « cela dure 39 secondes, le temps d'allumer l'écran d'un jeu. »

Lors de soins où le patient doit rester immobile, les sollicitations sont centrées sur des parties qui mobilisent peu les membres (yeux, doigts).

Un exemple où l'effet de surprise est dans le mode de réponse à une question banale :

Une photographie de panthère est fixée au plafond au-dessus du fauteuil.

– Regarde il y a en face de toi un animal… oui ? Très bien… Alors… la main droite se lève si c'est un guépard ; la main gauche se lève si elle dit que c'est un léopard, le pied gauche se lève s'il veut un indice ! ?

Attendre quelques secondes pour vérifier si besoin que l'attention est attirée. La question alternative – « le pied droit se lève s'il ne veut pas jouer » peut être utile à ce moment-là, nous y reviendrons plus loin. Selon la réaction motrice, répéter ou valider la réponse. Si le geste, ici le pied gauche, signifie une demande d'indice, celui à donner dans cet exemple est : « Un indice ? alors voilà : le guépard ne monte pas aux arbres. » Notez que c'est bien un indice, et non pas

© Vera Kratochvil

la réponse directement : la réflexion est encore sollicitée.

Puis :

– Très bien : Il y a quelque chose de bizarre avec cet animal ! Alors... pied droit s'il a trouvé, main gauche si elle n'a pas trouvé, pied gauche se lève s'il veut un indice.

La formulation dissociative peut être utilisée au cours du discours, c'est-à-dire que la première option de réponse sera classique (par exemple, « lève la main droite pour dire oui ») et les suivantes emploieront une tournure comme si c'est la partie du corps qui répondait de façon autonome (par exemple, « le pied gauche se lève s'il dit que... »). Dans les questions suivantes, on pourra s'adresser directement aux parties du corps. Éluder l'action demandée, c'est aussi un moyen de vérifier si le « jeu » est accepté (le membre se lève alors que la consigne ne le répète pas). Changer les modes de réponses, ou les significations des gestes (droit pour oui, gauche pour non...) obligera le patient à se concentrer, donc à se distraire encore une fois de l'acte de soin. Ensuite il est probable que vous-même, vous mélangiez les réponses, cela ne pourra que renforcer l'effet ludique, ainsi que l'effet dissociatif attendu !

Il est souvent efficace de proposer une action à la personne pour indiquer qu'elle ne veut pas « jouer »

Un autre exemple avec la surprise sur le mode du mime et de la marionnette :

– Je vais demander à tes deux doigts de la main gauche, oui celle-là : oui le premier et le deuxième, de faire comme un bonhomme qui marche et qui monte les marches une à une... et en haut de redescendre deux par deux...

(Variante : arrivée en haut : sautiller : « youpi on est arrivé ! »)

L'œil humain voit vite un personnage qui avance : il suffit de varier les sollicitations vers ces deux doigts qui s'animent : suivre un contour, de loin, ou de l'accoudoir comme une promenade, parfois ce sont les doigts qui nous guident et offrent des images : avec l'index et le majeur pour avancer pour aller sur le côté de trois pas ; puis revenir. Bien sûr, toujours en encourageant :

–Très bien parfait et pendant ce temps-là, c'est tout ce qui doit se faire qui se fait et tu le fais très bien.

Un cas de figure où le regard du patient se fixe sur nous sans pouvoir dévier vers l'image au mur, comme s'il ne comprenait pas la consigne. Plutôt que répéter, il est possible d'utiliser ce qui est en train de se passer :

– Sur ma blouse, je ne sais pas s'il y a plusieurs couleurs. C'est l'œil droit qui va se fermer s'il y a du rouge, l'autre œil se ferme s'il voit du bleu. Ce sont les deux yeux qui se ferment s'ils ne veulent pas jouer.

Comme évoqué plus haut, il est souvent efficace de proposer une action à la personne pour indiquer qu'elle ne veut pas « jouer ». C'est bien sûr encore un moyen, respectueux, pour faire exécuter un geste, solliciter la proprioception et focaliser, donc distraire. En général, le sourire apparaît, signifiant que l'expérience est perçue *via* ce choix illusoire, le but est atteint ! La cadence est rapide, avec des pauses, pour laisser profiter la personne de son expérience. Cela permet aussi, à celui qui se sentirait désagréablement manipulé de reprendre le contrôle. Cela permet de vérifier que la personne est toujours en accord, ou bien de se taire en validant ce qui vient de se passer. Éventuellement, c'est le moment où quelques explications sur ce phénomène banal de focalisation peuvent étayer les ressentis du patient. Et ainsi, de continuer à distraire la personne, de tirer son intérêt vers autre chose. Vers quelque chose de plus bénéfique pour elle en ce moment. C'est parfois le moment charnière où l'accompagnement hypnotique peut être plus marqué, et durer selon l'acte effectué, ou selon les besoins : tous les éléments d'une transe peuvent être déroulés, notamment les suggestions post-hypnotiques.

– Que cet exercice a le bénéfice ou l'avantage de montrer que tout ce qui est là est bon pour vous et c'est bon pour la cicatrisation. Il est à votre disposition, pourra être refait à chaque fois que ce sera utile. Par exemple, de la même manière que l'attention peut être déviée et amplifiée à la fois. Comme quand les pieds marchent le long d'un chemin. Au bout d'un certain temps. C'est chaque pas qui avance et qui augmente le bien-être.

Comment construire votre intervention ? Un seul scénario ne suffit pas, l'effet de surprise étant aussi important que le contenu, à la manière d'un jeu de société : la règle de base est le cadre de soin, ce que demande le professionnel est par défaut important à suivre. Ce qui porte l'effet de surprise, c'est le décor et les modulations opérationnelles qui vont amener de la nouveauté donc de l'intérêt : surprise, confusion, et donc induction… hypnotique selon votre pratique.

Les questions ouvertes commençant par « je ne sais pas » sont adaptables à beaucoup d'entrées en matière, puis les questions fermées, univoques (un seul moyen d'y répondre) sollicitant la proprioception seront *distractrices*. L'attention du sujet est recentrée sur un de ses membres ou l'une des parties du corps, l'obligeant à quitter ce qui le focalise actuellement pour effectuer un acte moteur, mesuré, choisi, et répondre à une question qui reste ludique et qui n'engage pas son propriétaire : il n'y a aucune raison de refuser de répondre. Au contraire, le thème anodin est facile d'accès. Il faut régulièrement se rappeler que nos patients sont en état de stress, et qu'une information simple, une question anodine, est perçue comme rassurante, facile à envisager.

> Un seul scénario ne suffit pas, l'effet de surprise étant aussi important que le contenu

Voici quelques exemples de questionnement :

– Je me demande si tu es intéressé par un exercice pour que ça passe vite.
– Est-ce que tu veux que l'on compte jusqu'à 30 et à 30 c'est fini ?
– Cligne des yeux si ça t'intéresse.
– Les yeux regardent à droite s'ils ne sont pas intéressés.
– Alors lève la main gauche, oui celle-là, et ce sont tes doigts qui vont compter et c'est ma voix qui va compter avec eux.
– Je ne sais pas si la main sait compter à l'envers ? Main ouverte et c'est le petit doigt qui se baisse en premier ?
– Ta main droite est-elle capable de compter en demi-point ? De sauter des chiffres ?

Un acte technique rapide se doit d'être dissocié de la fin du comptage : si le décompte va jusqu'à 8, opérez à 5 ou 6… cette évidence demande un peu de pratique. En effet, le cerveau du praticien étant focalisé sur l'acte technique (et pour cause !), il a tendance à le guider vers la fin du décompte.

Cette apparente simplicité oblige à réflexion et travail en amont, tout en restant vigilant et observateur des réactions du patient, pour adapter attitude et discours, toujours en restant bienveillant. Le patient est plus coopérant, s'en rend compte et en est reconnaissant. En dissociant le discours, ludique en apparence, et les gestes techniques professionnels, c'est la qualité de l'intervention et de la relation thérapeutique qui en est augmentée.

https://www.youtube.com/watch?v=MOOxpT9q2mo

Pour aller plus loin dans l'observation : Détaillez cette excellente vidéo de 2012, où Michael Darden, pédiatre (Washington, USA) fait une performance hypnotique avec un bébé et ses deux parents. C'est un véritable exemple en image de tous les outils hypnotiques : de relation et affiliation à l'enfant et aux deux parents, à la réassociation. La performance étant aussi dans la communication adaptée au patient (ici qui ne parle pas) et où le contact est appuyé par les canaux sensoriels les plus appropriés (visuel, auditif, toucher). Les gestes précis et marqués, avant et après le geste médical, encadrent et structurent de façon tactile le début et la fin de séance, avec sollicitation sensorielle… Je vous laisse observer le sérieux et le professionnalisme de ce « Guignol » !

Hypnose, Kabbale et ostéopathie au service du patient[1]

L'hypnose touche avec les mots et l'ostéopathe écoute et soigne avec sa sensibilité manuelle et spirituelle. Quant à la Kabbale, le texte ésotérique du judaïsme, il est traditionnellement présenté comme la « Loi orale et secrète » donnée par Dieu à Moïse sur le mont Sinaï. Comment trois disciplines aussi distinctes se rencontrent-elles ?

Judith Herz

« Guérir, c'est sortir du cercle de l'enfermement », déclare Rabbi Nahman de Bratslav, kabbaliste, arrière-petit-fils du Baal Chem Tov.

Assembler dans une même phrase des notions aussi éloignées et distinctes que l'hypnose, l'ostéopathie et la Kabbale peut surprendre et susciter plus d'une question.

Mon approche thérapeutique s'est façonnée au fil du temps, de mes recherches et de ma pratique. J'utilise tour à tour l'hypnose et l'ostéopathie, thérapie manuelle qui traite la personne dans sa globalité.

Les personnes qui se présentent pour une séance d'ostéopathie exposent un problème physique, douloureux, invalidant, parfois inquiétant. Ce symptôme occupe le premier plan, devient responsable du changement ou de l'interruption de son quotidien, et parfois bouleverse sa vie.

1. Les situations cliniques sont extraites du livre *Guérir à la lumière de la Kabbale avec l'hypnose et l'ostéopathie* de Judith Roudmanovitch, édition Louise Courteau.

En tant qu'ostéopathe, j'aimerais vous parler de la main hypnostéopathique. Pas celle que l'on pointe ou que l'on agite face au sujet comme un objet à fixer, ni celle qui lévite, mais celle qui touche, qui est à l'écoute de ses milliers de neurorécepteurs, et à laquelle est connecté le cerveau de l'ostéopathe. La main reçoit les informations émises par le corps, et en ajustant le bon geste, au bon endroit, va l'aider à se réharmoniser. Les paroles ne sont pas toujours nécessaires, et le patient entre dans un état de détente, en silence. Toucher un être requiert beaucoup de délicatesse.

Toucher un être requiert beaucoup de délicatesse

Pour lire et laisser émerger les souffrances cachées, poser la main se révèle parfois un déclencheur surprenant. Mes mains se posent, tel un souffle rassurant sur un corps en souffrance.

Le corps parle et la détente facilite l'émergence d'un souvenir, voire d'un déclic salvateur. J'invite alors le patient à exprimer en mots ses maux trop longtemps retenus.

« Les mots sont comme des oiseaux. Pourquoi les laisser enfermés dans des cages ? » écrit Rabbi Nahman de Bratslav.

> « Un autre point de liaison entre l'hypnose et la Kabbale, c'est l'état de conscience élargie »

L'hypnose est cet état de conscience à la frontière ou à l'abolition des frontières du corps et de l'esprit. Le sujet écoute la voix qui raconte des histoires, pas n'importe lesquelles : des anecdotes bien choisies, des contes à dormir debout ou encore, des métaphores qui éveillent l'imagination et emplissent de couleurs son esprit soudain rajeuni.

C'est à mon avis, un des points de rapprochement entre la Kabbale et l'hypnose.

Les rabbis, vers qui se tournaient les personnes en quête de réponses à leurs problèmes, leur apportaient du réconfort, en leur donnant une perception nouvelle de leur situation. Ces hommes repartaient transformés, porteurs d'une vision optimiste de la vie, laissant derrière eux dépression et désespoir.

Ces sages provoquaient le changement salutaire, par leur présence attentive, la phrase appropriée, la tâche qu'ils donnaient à accomplir.

Cela ne vous évoque-t-il pas l'approche de certains hypnothérapeutes ?

Un autre point de liaison entre l'hypnose et la Kabbale, c'est l'état de conscience élargie. Les kabbalistes cherchent à se rapprocher de la lumière infinie, par des techniques de méditation, et la recherche du sens caché dans les textes sacrés.

L'hypnothérapeute se met en transe, se connecte à l'état du patient, dans une dimension où peut surgir chez ce dernier, la conscience d'un nouveau ressenti.

© Suzy Hazelwood @ Pexels.com

Parce qu'elle est une universelle, bien d'autres fondements de la Kabbale se reflètent dans l'attitude de l'hypnothérapeute.
À l'origine, il n'existait qu'une lumière infinie. Pour laisser de la place à sa création, Dieu se retira sur lui-même. Cette rétraction contint une force lumineuse si intense qu'il en jaillit un rayon de Lumière d'une puissance gigantesque. Il fallait bien contenir cette lumière. Elle s'écoula de haut en bas dans des vases, les dix Sephiroth, l'arbre de vie qui représentent les attributs divins.
Mais ces vases se brisèrent et les étincelles de lumières se répandirent dans l'univers.
Depuis, l'homme tend à retrouver les brisures porteuses d'étincelles de Lumière dispersées dans l'univers.
Voilà une belle métaphore !
En position basse, en retrait, pour laisser la place principale au patient, le thérapeute a pour objectif de l'aider à améliorer sa vie. Le thérapeute n'aide-t-il pas les patients porteurs de traumatismes à recoller les morceaux brisés ? À transformer leurs problèmes en changeant de perspective ? La maladie provient d'un obstacle de l'énergie vitale. « La guérison consiste à dénoncer les nœuds qui bloquent cette circulation d'énergie. » Nahman de Bratslav.

> **Retrouver les brisures porteuses d'étincelles de Lumière dispersées dans l'univers**

Pour illustrer mon approche, je vous présente deux situations cliniques.

Dans la première, Tom souffre d'une grande fatigue et d'oppression thoracique qui le dépriment. Le toucher

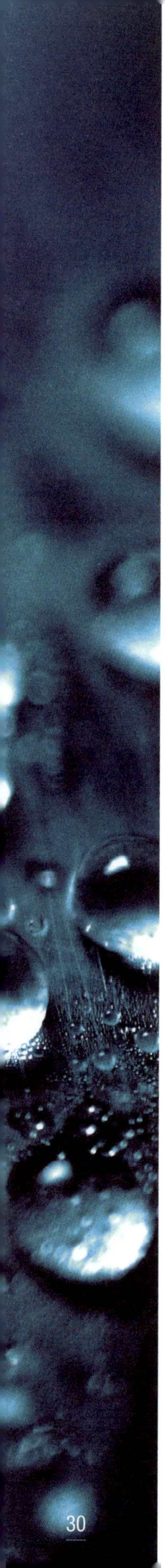

ostéopathique le ramènera à son corps et à ses sensations.
Dans l'histoire d'Anissa, la main n'a pas son mot à dire, seule la voix touche la patiente. La technique de réification aidera la patiente à sortir de la tempête émotionnelle qui la jetait hors d'elle, et à retrouver un sens à sa vie.

Tom : trop tirer sur la corde

Tom, chanteur baryton, incarne bien les fluctuations de l'âme et l'influence des émotions sur le physique. Tom se lève, grand et corpulent. Son corps et sa voix dense occupent l'espace. Il vient de la part de son médecin traitant, qui lui a suggéré de me voir pour de l'ostéopathie viscérale.
Le matin, il se sent fatigué et il a du mal à respirer. Quand il se lève, il est essoufflé. Par délicatesse, je me retiens de lui demander s'il dîne tard. Il me paraît évident que son estomac le gêne et comprime sa cage thoracique. C'est lui-même qui m'avoue son épicurisme irrépressible.
« J'ai besoin de carburant ! » se justifie-t-il.

Je lui demande de respirer et je remarque que son ventre s'élève, mais que le sternum et la cage thoracique restent figés en inspiration, en position haute.
Il raconte avec passion l'opéra de Cassandre, où il s'est tellement identifié au personnage qu'il a décidé de se consacrer au chant et à la création d'opéras.
Je l'interroge sur les changements qu'il y a eu dans sa vie avant que les signes de gêne ne se manifestent.

– Rien de spécial… Ah si ! Un heureux événement, j'ai eu un petit-fils. À 58 ans, il ne veut pas baisser la cadence. Il n'accepte pas ses fatigues matinales, alors que l'organisation de l'opéra réclame une énergie sans pareille : trouver les musiciens, répéter, voyager… Triste d'avoir perdu son énergie d'antan, cet homme puissant me dit qu'il la puise chez des collègues plus jeunes. Il fait aussi des courses de bateaux. Toute sa vie est une course à la réussite, mais également contre le temps et ses ravages.
Je pose mes mains sur son estomac et je le sens pris de spasmes, de tremblements. Je lui demande ce qu'il y a là. Son visage exprime la douleur et l'envie de pleurer. Je l'invite à respirer.

– Si cette gêne était un objet, ce serait quoi ?
– C'est bleu, bleu pâle, ni liquide, ni solide.
– Comme une brume ?
– Oui, comme si cela sortait de la brume.
– Que pourriez-vous modifier pour que ce soit plus confortable ? Pourriez-vous faire comme si cette forme ovale et bleue se plaçait devant vous ?

Il fait le geste. Au bout d'un moment, je lui demande :

– Et maintenant, il y a quoi ?
– Elle ne décolle pas, mais elle est plus petite. À chaque expiration, cette forme sort. Elle me faisait peur, mais depuis que je la regarde en face, je la redoute moins.

Il a envie de continuer, d'aller plus loin sur le chemin de la transformation.

Un mois plus tard, à la deuxième séance, il a retrouvé sa respiration, son énergie du matin et un bon moral. Son problème se manifeste maintenant par des douleurs dans l'abdomen, de nature digestive, liées à une intervention chirurgicale de hernie inguinale.

Pour cet homme, le sens de mon accompagnement n'est pas de lui redonner confiance, mais de l'aider à se reconnecter à son corps. Je lui propose de participer à un atelier d'hypnose que j'anime : *mincir grâce au déclic*. Cela l'intéresse et deux jours plus tard, il me confirme son inscription. Pendant l'atelier, il n'a de cesse d'encenser les jouissances de la cuisine du Sud-Ouest. Il l'assimile à la convivialité, au plaisir de vivre. Participer à ces excès culinaires signifie pour lui, être vivant. Il évoque un peu plus tard le souvenir de sa mère, professeure d'université absorbée par sa carrière, et qui le laissait préparer ses repas seul :

– J'étais livré à moi-même et cela me plaisait de manger ce que je voulais, sans être cadré ni conseillé (...) Après l'atelier, je n'ai pas changé mon comportement, mais j'ai eu une prise de conscience. Je déjeunais avec un collègue qui chante comme moi. Je me suis rendu compte qu'il mangeait peu, avec sobriété, un repas normal. J'ai soudain été écœuré par ma façon de trop manger.

Je le félicite : son inconscient a bien enregistré le message. Il est prêt à initier un changement. Toute modification commence par une émotion et ce dégoût est bel et bien une sensation qui secoue les tripes de cet homme. C'est peut-être le moment de lui suggérer d'écouter et de respecter son corps.

Il est allongé sur la table de soins, je lui demande ce que ses mains savent faire. Il me répond instantanément :

– Elles jouent du piano.

Aider ce patient à se reconnecter à son corps

Je lui témoigne mon admiration. Très prolixe, il m'explique qu'il bouge tout le temps, même pendant les répétitions de chant. Toute son énergie est tournée vers l'extérieur. Comment l'aider à augmenter son énergie par ses propres moyens ? Pendant l'atelier d'hypnose, il a eu le loisir d'expérimenter l'écoute des sensations, par le VAKOG – technique qui utilise l'observation par les sens.

Je lui demande :

– Comment c'est, sous ma main posée sur votre ventre ?

Il sent une réaction cutanée. C'est à ce moment que je pose la sienne sur son ventre.

– Et là, que sentez-vous ?

– Peut-être une sensation de pression ou de chaleur. Je n'ai pas l'habitude de m'arrêter à ces zones corporelles.

Sa mère, m'avait-il confié, ne se préoccupait pas de l'alimentation de son fils, ne faisait pas la cuisine. Le seul moment où elle s'adressait à lui, c'était pour connaître ses notes de classe. Nous pourrions en déduire qu'elle ne l'a pas accoutumé à des gestes affectueux.

Je revois Tom à son retour de vacances. Sa bouche fine sourit, mais ses yeux sont tristes. Il a mal à la gorge et accuse la forte chaleur de l'été. Il me dit avoir pensé à son alimentation, car il souhaite maigrir. Est-ce que les pensées sont descendues jusqu'à l'estomac ?
Son rire m'indique qu'il est déjà content de cette prise de conscience, mais il boit avec des chanteurs. Que d'obstacles extérieurs s'opposent à sa volonté ! Il sait que l'alcool et la nourriture lourde sont mauvais pour la voix, mais précise-t-il, « c'est grâce à l'alcool que ces hommes se désinhibent et peuvent chanter ». Je pense que le plaisir de chanter et de réunir des personnes pour créer des opéras dépasse son besoin de soigner sa gorge et ses bronches.
On peut comparer les bronches à un arbre à l'envers. Les médecins parlent d'arbre bronchique. « Un arbre qui perd ses feuilles à l'automne », me dit-il. Décidément, ses paroles reflètent la tristesse d'entrer dans l'automne de sa vie.
Je lui dis qu'il ne s'agit pas de cela, mais d'un arbre qui respire et apporte de l'oxygène au corps.
En fin de séance, il ressent son corps comme un tout, une unité. Sa gorge et son estomac sont reliés. Le mal de gorge qui prenait toute la place est soulagé.
Un arbre au sein de l'arbre de vie, secoué à la mesure de l'âme passionnée de Tom !
Il me semble que Tom, l'artiste, est toujours en transe, en connexion avec ses opéras, ses musiques, ses émotions, sa soif de vivre.

Avec Tom, j'ai favorisé le toucher pour qu'il se reconnecte à son corps. Les techniques d'hypnose telles que la réification, le VAKOG, ont contribué à mettre en mots ses peurs viscérales, et à diminuer leur impact somatique, et surtout à retrouver son élan vital.

Anissa : la fin d'une soumission

Si la pandémie de la Covid-19 et le sentiment de répression et d'insécurité qu'elle engendre avaient pour seule conséquence la libération de cette femme, ce serait déjà suffisant.
En ouvrant la porte de la salle d'attente, je suis surprise de voir une femme vêtue d'une longue djellaba noire et voilée d'un foulard à fleurs jaune. À sa voix juvénile et dynamique perçue au téléphone, je m'imaginais une femme en pantalon et aux cheveux courts. Eh bien, je me trompais ! Derrière le foulard couvrant son front et le masque noir porté sur le nez à cause de l'épidémie, deux grands yeux sombres ne parviennent pas à dissimuler un profond tourment.
À peine assise, Anissa retire son foulard. Je l'invite à retirer son masque si elle le désire, pour que nous voyions nos visages. Elle dévoile ses beaux cheveux châtains coiffés en queue-de-cheval. Un visage altier, de longues lèvres, elle se met à me raconter sa colère et sa peur de chuter dans une profonde dépression. Elle n'a plus envie de rien et réagit brutalement aux sollicitations de son entourage. Parfois, elle part en claquant la porte.
Je l'écoute.

– À 18 ans, j'ai passé le bac. Je m'apprêtais à poursuivre des études scientifiques, mais j'ai été mariée, extraite de force à mon cocon familial. J'aimais sortir avec mes amies et j'ai dû tout arrêter pour m'occuper de ma belle-mère. Elle me faisait peur.

– Vous avez des enfants ?

– Oui, quatre : l'aînée a 20 ans et le plus jeune, 12 ans. Je crie après eux dès qu'ils me demandent quelque chose, je deviens hystérique. Je crie aussi après ma belle-mère, je n'ai plus peur d'elle : je ne tolère plus la manipulation. Mon mari a toujours pris mon parti lorsque sa mère devenait trop intransigeante, mais maintenant, il dit qu'il ne me reconnaît plus.

Anissa poursuit.

– Je n'ai plus de goût pour rien. J'ai fait une formation de décoratrice d'intérieur sans la terminer. Je n'arrive pas à me concentrer. J'ai peur de plonger dans la dépression. Avant cela, j'ai travaillé dans une agence d'informatique pendant quatre ans. Mon patron m'appréciait, je me sentais valorisée et il a été remplacé par un homme qui m'adressait des mots méprisants. Je veux que l'on me respecte. Je n'ai pas supporté d'être sous-estimée, alors je suis partie.

– Depuis quand avez-vous quitté votre travail ?

– Il y a deux mois.

J'ai suffisamment d'éléments sur sa vie pour lui proposer de s'installer à moitié allongée sur le fauteuil. Après une phase d'induction en transe à laquelle elle adhère volontiers, je l'invite à laisser sa partie sage « qui sait ce qui est bon pour elle » l'amener sur un chemin, puis un lieu où elle se sent en sécurité. C'est essentiel pour Anissa de se sentir protégée, respectée. Tout en étant en transe, elle m'indique que c'est dans une forêt, près de la mer.

– Ouvrez vos sens à cet environnement. Vous sentez peut-être la chaleur du soleil sur la peau. Le parfum des arbres éveille des souvenirs. Les rayons de lumière traversent les feuillages et le chant d'un oiseau répond au clapotis des vagues.

Elle aime les couleurs de ce beau paysage familier. Un endroit particulièrement accueillant l'invite à s'asseoir, au pied d'un arbre confortable, recouvert de mousse. Je lui propose de laisser s'installer devant elle la représentation des émotions qui la submergent, dont elle aimerait se débarrasser maintenant, et de leur demander ce qu'elles ont à lui dire. Les peurs, la colère, toutes ces émotions qu'elle porte depuis tant d'années et dont elle ne sait plus que faire.

– Elle ressemble à quoi, votre peur ?

– À une grosse boule.

– De quelle couleur ?

– Noire, 30 cm de diamètre.

– Sa matière ?

– En pierre.

– Comment faire pour que cette boule devienne un peu plus légère ? Dans le monde de l'imaginaire, tout est possible. Et maintenant ? Elle est comment ?

– Plus légère et en plastique rouge brique… de la taille d'une balle de tennis.

– Et votre colère ?

– C'est un grand feu !

Elle se met à pleurer.

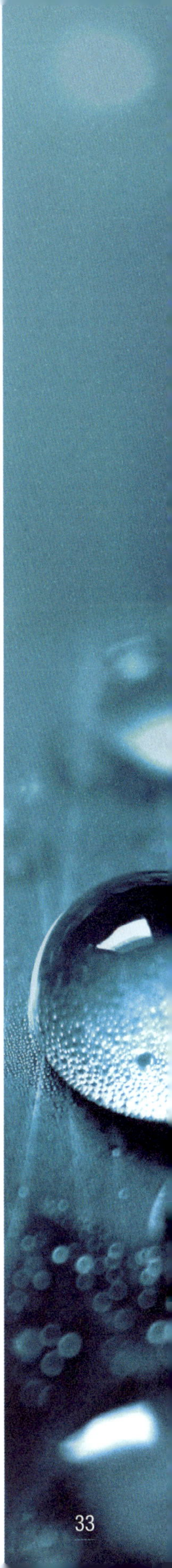

– Je crie après ma fille. Elle est si gentille, si bonne... Elle fait tout, elle m'aide. J'ai honte.
– Écoutez ce que ces émotions vous disent. Pourquoi sont-elles venues vous habiter comme des invitées indésirables ? Elles vous donnent le courage d'exprimer que la situation doit changer. C'est insupportable pour vous. Vos enfants vont vous admirer et vous seront reconnaissants de leur transmettre votre désir de liberté.

Sa respiration change, un soupir de soulagement la détend.

– Comment votre imagination pourrait-elle modifier ce feu pour qu'il soit plus supportable ?
– Une bougie, la flamme d'une bougie.
– De quelle couleur ?
– Blanche.

> « L'écoute, l'empathie, l'humour, le désir d'aider le patient à ouvrir son champ de conscience et à lui en donner les clés pour se réinventer »

La noblesse de cette femme me touche.

– Cette flamme, laissez-la briller à l'intérieur de vous, laissez-la vous éclairer de sa lumière douce et chaude.

Puis, je l'invite à garder en elle tout ce qui a été utile pendant la séance et à effacer le reste. Anissa met un certain temps à revenir dans un état de conscience plus habituel.

– Comment vous sentez-vous ?
– Bien, apaisée.

Quinze jours plus tard, elle reprend rendez-vous. Elle est encore fatiguée, mais elle est plus calme avec ses enfants. Elle a repris sa formation de décoratrice. En décorant les intérieurs, elle retrouve le plaisir de rencontrer d'autres personnes et de leur apporter un peu d'elle-même avec ses connaissances et son goût artistique.

Pour moi, la révolte de cette femme fait écho à tous ces cris étouffés de soumission devenue intolérable. Il est probable que la situation de crise, le confinement, les interdits sociétaux, ajoutés aux répressions culturelles aient créé un court-circuit salutaire. Si une femme s'exprime dans mon cabinet parisien, il est fort probable que des milliers d'autres femmes fassent aussi entendre leur rébellion dans tout l'univers et libèrent leur puissance. La Kabbale dit que nous créons des anges par nos actions. Les anges d'Anissa seront des anges de vérité et de liberté.

À la croisée des chemins du corps, de l'esprit et des émotions, l'hypnose et l'ostéopathie offrent tour à tour leur apanage au patient. Ici Tom et Anissa, deux êtres que tout oppose, si ce n'est le désir de sortir du mal-être pour déployer ce qui leur tient le plus à cœur.

Les grands principes de la Kabbale, par leur universalité, sous-tendent les qualités de l'hypnothérapeute : l'écoute, l'empathie, l'humour, le désir d'aider le patient à ouvrir son champ de conscience et à lui en donner les clés pour se réinventer.

Approche éricksonienne et handicap moteur

Il n'y a pas qu'une bonne façon de marcher. L'autrice nous montre comment procéder afin d'apporter une aide personnalisée à chaque patient atteint de troubles moteurs, en s'inspirant de Milton Erickson qui a vécu dans sa chair pendant de nombreuses années ce type de difficultés.

Judith Lacoue-Labarthe

Dans une situation de travail avec des personnes porteuses de handicaps moteurs, présentant des troubles de la marche ou de l'équilibre, je me suis demandé comment Milton Erickson aurait procédé, lui qui avait précisément des troubles de la marche à la suite de sa poliomyélite. Les vidéos le montrent avec une canne, et à la fin de sa vie, en fauteuil roulant. Ces troubles l'ont véritablement handicapé, à un plus ou moins haut degré selon les moments, durant presque toute sa vie. Ayant lui-même vécu cette expérience, il utilise souvent l'image de la marche comme grande métaphore des apprentissages, conscient de son extrême valeur. Mais il y a peu de littérature, à ma connaissance, sur une façon éricksonienne de travailler avec des

> Milton Erickson utilise souvent l'image de la marche comme grande métaphore des apprentissages

personnes en situation de handicap moteur. C'est afin de répondre à la demande des patients dans ma clinique quotidienne que j'ai commencé à explorer ce champ.

J'interviens comme psychologue dans des structures de vie (foyer d'accueil médicalisé) ou de soins à domicile, pour enfant ou adulte en situation de handicap moteur. Souvent dans ces structures, on pense que le psychologue ne doit faire que de l'accompagnement. Ces personnes présentent des lésions neurologiques qui rendent la marche entravée, voire impossible, les situations de handicap peuvent être sévères. Il s'agit notamment d'anciens grands prématurés atteints d'une paralysie cérébrale causée par une naissance trop précoce (28 à 32 semaines d'aménorrhée), ou un problème *in utero*, ou encore lors de la période de périnatalité (méningite par exemple). On trouve encore des personnes victimes d'AVC, même chez le tout petit bébé, de maladies génétiques dégénératives, notamment de maladies mitochondriales, qui provoquent une perte d'énergie de la cellule, ou encore de sclérose en plaques, de myopathies, de syndromes cérébelleux. Il s'agit encore de séquelles d'accidents chez des personnes qui avaient une vie sans problème médical antérieurement (traumatisme crânien).

Dans cette population spécifique, trois motifs de consultation semblent récurrents : la douleur chronique, que connaissait bien Erickson ; les difficultés liées à la marche ; les troubles provoqués par les souvenirs d'accidents, avec leur part de transe négative et de stress post-traumatique. Je développerai trois cas cliniques dans lesquels les personnes m'ont appris non seulement comment mieux les accompagner, mais aussi comment mieux les soigner, au travers de mes essais et de mes apprentissages par erreur, d'une manière inspirée par Erickson et par ses successeurs[1].

> Trois motifs de consultation semblent récurrents : la douleur chronique, que connaissait bien Erickson ; les difficultés liées à la marche ; les troubles provoqués par les souvenirs d'accidents, avec leur part de transe négative et de stress post-traumatique

Douleur chronique et mouvements athétosiques

Amélie est en fauteuil roulant. C'est une belle jeune femme de 25 ans, les pommettes hautes, son visage est expressif. Sa paralysie cérébrale résulte d'une naissance très prématurée. Elle présente de forts mouvements athétosiques, ou mouvements involontaires de tout le corps. Ces mouvements la gênent à tel point qu'elle a demandé d'elle-même à ce que ses poignets soient attachés

1. Mes remerciements vont aux patients et aux équipes d'APF-France Handicap. Les noms et les situations des patients sont anonymisés.

par des lanières de 20 cm à Velcro, pour limiter ses mouvements. Elle est assise dans un fauteuil coquille. Elle est non verbale (dysarthrie notamment), en dehors de deux mots qu'elle peut prononcer, « non », et « lê » pour oui ; cependant toutes ses autres facultés cognitives sont entières, elle comprend tout. Elle communique aussi avec les yeux, levant les yeux vers le haut pour oui, devant elle ou vers le bas pour non. Son visage, son corps parlent pour elle. Elle est souvent d'humeur joyeuse, sensible à l'humour, elle sait rire de beaucoup de choses. Très sensible, elle peut aussi fondre en larmes de façon théâtrale, avec un effet de contagion sur les autres résidents. Pour communiquer, elle bénéficie encore d'une tablette à restitution vocale : grâce à un contacteur qu'elle peut toucher de la joue, elle accède, à l'aide d'un défilement vertical, puis horizontal, à des pictogrammes ou à un alphabet. Elle peut écrire ainsi des phrases qui sont lues à voix haute par la tablette. Elle peut enfin communiquer par ordinateur, sur un fichier Word ou sur Facebook. Elle a un autre contacteur près de l'autre joue pour diriger son fauteuil électrique, qu'elle pilote parfaitement en toute autonomie. Elle est très bien intégrée dans sa famille et dans le foyer.

Un jour, elle présente une douleur inexpliquée aux omoplates, qui s'est déjà manifestée auparavant périodiquement (elle pourrait être due à un frottement de la coquille, mais ce n'est pas sûr). Cette douleur chronique est même aiguë ce jour-là. Elle exprime qu'elle a eu des douleurs la nuit qui l'ont empêchée de dormir, cotées à 9 sur une échelle de 10, et ne cédant pas aux antalgiques. Ce matin-là, la douleur est encore à 7/10, et dans ces conditions, devant une demande très claire de sa part, je lui propose de procéder à une séance d'hypnose.

Nous commençons par la mise en place d'un lieu sûr pour faire baisser la peur d'avoir mal (le souvenir d'avoir eu mal et l'anticipation d'avoir mal à nouveau), dont la part peut être si présente dans la douleur, pour une première séance. Je lui explique que je peux avoir besoin d'adapter ce que j'ai l'habitude de faire et lui demande de bien me guider, pour être au plus proche de sa demande, ce avec quoi elle est d'accord.

Je commence une induction en lui demandant de fixer, non un point, parce que je vois bien le va-et-vient involontaire de ses yeux (nystagmus), mais un écart entre deux points. La pièce est remplie du bruit des craquements irréguliers de la coquille, à cause de ses mouvements involontaires, ainsi que du tintement d'un porte-clés où sont accrochés quelques petits objets familiers en métal. Puis je lui demande de se focaliser sur les bruits à l'extérieur de la pièce, puis à l'intérieur, voire à l'intérieur du corps, et très rapidement, un grand silence se fait, qui me surprend : le bruit cesse. Je m'aperçois que les mouvements athétosiques se sont significativement réduits, ils ont une si petite amplitude que la coquille n'émet plus de craquements, le visage d'Amélie se détend. Ses yeux sont toujours grands ouverts, malgré mes propositions, elle ne les fermera pas de la séance, ils continuent à errer dans le vague d'un point à un autre. Je lui propose ensuite d'écouter le bruit de l'air qui entre dans ses poumons, s'y réchauffe, apporte l'oxygène jusque dans les alvéoles, et ressort. Sa respiration est peu ralentie, mais très visible et régulière, ses yeux bougent toujours, mais des sourires illuminent son visage. Je ne souhaite pas explorer, pour aborder le domaine de la kinesthésie, les mouvements involontaires qui agitent son corps. J'amplifie donc ce que j'observe, évoquant les sourires du bébé parfaitement calme et paisible qui se laisse respirer quand il dort, et elle sourit encore, le visage plus paisible.

> « Alors que j'ouvre la porte pour la laisser sortir, j'entends les clics de son contacteur, qui montrent qu'elle écrit. Sur la tablette, je lis « merci » »

Nous explorons alors le lieu sûr qu'elle m'a indiqué : son lit, au foyer, avec une couette tiède, bordée serrée, ce qui évoque son besoin de contenance, le même qu'elle recherche, lorsqu'elle demande que ses poignets soient retenus ; les bruits au-dessus de la pièce, au-dessous, à l'extérieur, dedans ; sa respiration ; l'air frais, dû aux défauts d'isolation, qu'elle sent sur son visage. Lors de la préparation, elle a insisté pour ajouter un point essentiel pour elle : l'absence de lumière, la pénombre, l'obscurité, dans lesquelles elle se sent tellement en sécurité, calme, paisible. Je fais le lien avec le fait que lorsque les personnes qui ont des gestes athétosiques dorment, les mouvements involontaires cessent (de même que lors des relations amoureuses), elle acquiesce, contente que j'aie compris. Lorsque je lui demande un ancrage, elle choisit un son, celui de la voix d'une soignante avec laquelle elle a un lien fort. Je lui fais tester immédiatement une entrée en hypnose et une sortie, qui semblent efficaces.

Lorsqu'elle sort de l'expérience hypnotique, le fauteuil et les grigris recommencent à tinter, les mouvements reprennent. Elle cote la douleur à 4 sur 10, ce qu'elle trouve suffisant et supportable. Alors que j'ouvre la porte pour la laisser sortir, j'entends les clics de son contacteur, qui montrent qu'elle écrit. Sur la tablette, je lis « merci », et j'observe un immense sourire apaisé.

Il y a plusieurs points à observer à partir de cette séance. D'abord, les mouvements athétosiques s'atténuent considérablement pendant l'hypnose, et en sont peut-être le signe principal. Or ces mouvements peuvent provoquer des douleurs chroniques. De plus, les signes de l'hypnose ne sont pas les mêmes : il ne faut compter ni sur la fixité du regard, ni le ralentissement de la respiration, ni le changement des réflexes de déglutition (Amélie fait des fausses routes, et avale de l'eau grâce à une paille d'une façon très particulière : elle aspire d'abord, elle arrête complètement, puis elle fait un effort pour avaler. Donc sur ce sujet, chez elle tout est différent). Ensuite, et c'est somme toute logique, les personnes avec des mouvements aléatoires des yeux (nystagmus) ont probablement compensé leur handicap en devenant très majoritairement auditives[2]. Les inductions auditives, ainsi que les métaphores auditives sont très rapidement efficaces. En outre, comme pour les personnes qui ne sont pas en situation de handicap, la création d'un lieu sécure est essentielle, et suffit en elle-même à provoquer une analgésie. C'est dire que les peurs liées à des douleurs chroniques, fréquentes chez les paralysés cérébraux, sont à prendre en compte dans cette population particulièrement sujette à des douleurs chroniques.

Deux semaines plus tard, Amélie se réveille encore la nuit avec des douleurs, et demande une deuxième séance. Nous remettons en place le lieu sûr en commençant par une induction auditive, très rapidement efficace. Étant informée par le médecin de médecine physique et de réadaptation que l'origine des douleurs réside dans des contractures musculaires amplifiées par les mouvements athétosiques, je renforce l'induction par le fait que la nuque et les épaules perçoivent de la tiédeur : une serviette tiède, puis le sable tiède de la plage un jour chaud d'été, qui épouse le contour du corps et le maintient, grain de sable par grain de sable. Je la vois se détendre significativement. Puis je propose de travailler avec un curseur le long d'une échelle d'inconfort (j'évite le mot « douleur », même si c'en est une). Elle a une douleur cotée à 5 au début ; je lui propose de la faire baisser à 4,5. Cela s'avère impossible, elle s'inquiète. Je lui propose alors de la faire monter à 6, dans les limites du supportable, car si elle arrive à la faire monter, ce sera plus facile de prendre de l'élan pour la faire descendre. Elle fait effectivement monter la douleur à 6 et dans la lancée la ramène à 4,5. Je vois bien qu'elle est prête à continuer alors je l'accompagne. Elle bloque la douleur à 3. Comme dans la pièce, on entend fortement le bruit des aiguilles d'une horloge qui ne s'arrête jamais, je le lui propose comme ancrage : à chaque tic-tac, elle se détendra un peu plus en sécurité.

> L'autohypnose n'est pas facile à faire seul·e, quand on est douloureux·se

Je lui apprends comment recréer l'exercice par elle-même, il n'en reste pas moins que l'autohypnose n'est pas facile à faire seul·e, quand on est douloureux·se. Nous avons l'idée d'enregistrer une séance et de la lier à un pictogramme de sa tablette pour qu'elle puisse l'utiliser quand elle en a besoin, et nous avons besoin de l'aide de l'ergothérapeute pour cela.

Métaphores de la marche et traumatisme crânien

Fabrice est un jeune homme de 34 ans, qui avait un niveau bac + 5

2. Au foyer, beaucoup de résidents ont une ouïe très fine. Ils sursautent très facilement ; quand ils sont dans leur chambre, ils reconnaissent sans erreur dans le couloir les soignants à la façon dont ils marchent et au bruit de leurs pas, alors qu'ils ne les voient pas.

et une bonne situation de cadre ; il a subi un traumatisme crânien à la suite d'un accident (vélo contre voiture) et a manqué mourir, l'équipe ne l'a réanimé que parce qu'il avait 29 ans. Il a fait un mois de coma et a été donné pour perdu. La rééducation dure depuis cinq ans. Il a un bras et les mains paralysés, du mal à articuler (dysarthrie) et des séquelles cognitives (mémoire, fonctions exécutives). Après avoir été longtemps dans un hôpital spécialisé en rééducation, il vit maintenant chez ses parents. Il est sous neuroleptiques et antidépresseur.

Il est en perpétuel conflit avec luimême. Il présente des séquelles motrices et cognitives. L'une de celles qui prennent le plus de place est un trouble de la mémoire. Il oublie beaucoup de choses d'un jour sur l'autre (trouble de la mémoire à court terme), pas toutes cependant, il se rappelle celles qui sont en lien avec de l'expérience, de l'affectif (trouble partiel, donc). De façon complètement régulière, il reprend chaque séance au stade des progrès effectués la fois d'avant, que ce soit avec moi ou avec l'ergothérapeute : les informations nouvelles sont donc bien passées en mémoire à long terme. Mais il ne se rappelle pas qu'il se rappelle, et ne peut pas s'en rendre compte (trouble de la métamémoire). Il croit donc ne jamais rien se rappeler.

Sa vie est douloureuse, d'une douleur aiguë, il nous accueille tous par une plainte formant une boucle récurrente qui dure cinq minutes : « J'aurais dû crever ; je n'aime pas ma vie » (pensées automatiques). En pleine dépression, il est en colère, ce qui lui permet de lutter contre les sentiments de perte et de vide, il n'a pas fait du tout le deuil de son ancienne vie, et se positionne dans une opposition perpétuelle (« oui, mais... ») ; il est extrêmement rigide (persévération). Son opposition décourage les soignants qui l'accompagnent. Un superviseur, devant notre découragement, nous dit même de nous contenter du minimum, c'est-à-dire de conserver un fil narratif de sa vie, pour lui.

Souvent, il répète que son plus grand désir serait de pouvoir marcher. Or il est capable de marcher – d'une démarche saccadée, hésitante, plus en difficulté dans les pentes, mais il marche. Cependant il ne se le rappelle pas d'une fois sur l'autre. Il ne marche qu'accompagné, il n'ose pas marcher seul, tant ses peurs sont immenses. Il ne peut se relever seul, à cause de séquelles au niveau des bras et des mains, sur lesquels il ne peut pas prendre appui.

Je sais par un bilan neuropsychologique que sa mémoire visuelle fonctionne mieux que sa mémoire verbale. Pourtant, il refuse énergiquement (persévération) de se servir des prothèses mnésiques visuelles que j'essaie de mettre en place avec lui, sous prétexte qu'avant l'accident, sa mémoire verbale était meilleure que sa mémoire visuelle. Mais on peut inférer que l'hémisphère droit est peut-être moins touché que le gauche. D'où l'intérêt d'utiliser des métaphores...

Au début, les séquences sont rigides et répétitives, on tourne en rond dans la pensée (perte de la flexibilité mentale, parmi les fonctions exécutives). Je fais alors de la thérapie en marchant avec lui, et en le rassurant beaucoup (coaching). Nous externalisons la peur (Michael White) : la peur a le visage de Hitler; qu'est-ce donc qu'elle l'empêche de faire? Cette remarque le pique, il teste de plus en plus de choses lors de la marche : se rapprocher des trottoirs (il marche au milieu de la route), enjamber le trottoir, marcher sur un trottoir irrégulier, prendre des pentes...

Lors de séances à domicile, à chaque fois qu'il me dit que son plus grand désir serait de marcher, je mentionne ces séances qu'il se rappelle, parce que nous avons été en mouvement (les autres sont oubliées) : il a bel et bien fait le tour du pâté de maisons où il habite. Me rappelant Erickson paralysé lors de sa poliomyélite et réapprenant à marcher en observant sa petite sœur, et l'importance de la métaphore de la marche dans ses travaux, je me sers avec précaution de cette image. Je ne veux pas « vendre » une guérison impossible ou donner de faux espoirs. Mais je répète que marcher, ce n'est pas savoir mettre un pied devant l'autre, mais bien savoir se déséquilibrer d'un pied sur l'autre (il est le champion du déséquilibre), ce qui, seul, rend possible une mise en mouvement. Et un enfant sait qu'il sait marcher, non quand il marche, mais quand il tombe et trouve un moyen de se remettre debout, même si c'est en demandant de l'aide ou en prenant appui sur quelque chose. J'omets de dire que ce qui est vrai

© Tatiana Syrikova @ Pexels.com

pour l'apprentissage de marche est vrai pour tous les autres apprentissages, pour laisser la métaphore faire son travail.

Je me rends compte que cette histoire récurrente opère mieux que les autres, et se répète souvent, de séance en séance. Parallèlement à cela, il se trouve que les neuroleptiques qui lui avaient été donnés lors de l'agitation de son réveil sont sevrés puis arrêtés[3]. Quatre semaines après, la boucle de plaintes qui commence lors de chaque visite se fissure : « Je n'aime pas ma vie! Je voudrais crever! Je vous accueille

3. Selon les bonnes pratiques les plus récentes, les neuroleptiques empêchent la plasticité cérébrale et ne doivent être utilisés qu'en cas de crise aiguë chez les traumatisés crâniens. Voir SOFMER (Société française de médecine physique et de réadaptation), *Troubles du comportement chez les traumatisés crâniens : quelles options thérapeutiques ? Recommandations*, 2013, avec l'aval de la HAS, consulté sur internet.

mal, n'est-ce pas ? Pourtant vous êtes gentille… » Alors on recommence ! Je sors, je ferme la porte et je frappe à nouveau. Ouvrant la porte, il sourit et me dit : « Bonjour. Comment allez-vous ? » De même, sa mère remarque qu'il n'y a pas eu de remarques négatives pendant dix jours, tout comme l'ergothérapeute.

J'aide ces changements à s'amplifier par un entretien circulaire (Mara Selvini Palazzoli) avec sa mère, auquel elle se prête volontiers. « Je n'en peux plus de la lenteur des progrès, cela fait cinq ans que ça dure, et j'ai peur que ça s'arrête », dit Fabrice. Je m'adresse à sa mère : « Madame, quand Fabrice a été réanimé, il est pour ainsi dire reparti de rien. Combien de temps faut-il pour élever un enfant ? » Sa mère répond, après un temps de réflexion : « Oh, vingt ans, je pense… » Fabrice est plus apaisé, il peut échanger sur les peurs de sa mère et les siennes (il dit ainsi à sa mère : « tes peurs me paralysent ! »). Même si ses peurs sont encore intenses, il est chaque jour plus autonome, et s'apprête à partir vivre un mois à l'essai dans un appartement thérapeutique. On peut commencer à travailler à dégonfler les pensées automatiques. Un suivi d'accompagnement plus classique se poursuivra tant qu'il dira en avoir besoin.

Qu'est-ce qui a amorcé le changement ? L'arrêt des neuroleptiques, les métaphores, ou les deux ? Est-ce que la métaphore a réussi à faire baisser les peurs, ou à rouvrir la porte à des informations nouvelles et à du changement ?

Naissance traumatique et transe négative

Corentin est un enfant de 9 ans atteint d'une hémiplégie. Il a présenté l'année passée un épisode dépressif sévère avec des pensées suicidaires lors de la séparation de ses parents. Il menaçait de se jeter du toit de l'école, ne dormait plus, avait des accès de colère impossibles à calmer, des pensées très négatives, une grande dévalorisation de lui-même, il inquiétait fortement parents, école et équipe de toutes les manières possibles. Il a pourtant passé un bon été. Il était en vacances sur une île, et il avait « toujours pied dans la mer » (sic), ce qui était merveilleux. Il évoque le plaisir de cet été, le plaisir du surf également qu'il pratique chez lui, doué et agile dans ce sport, malgré son hémiplégie. C'est un bel enfant au teint tout doré que je rencontre.

Quand je reprends le suivi effectué par une collègue, à la rentrée, j'apprends que l'école est très inquiète, évoque un enfant « caractériel », « dans la toute-puissance », qui prend plaisir à faire peur avec ses « petits jeux », les symptômes ne seraient pas partis, il faudrait voir l'enfant plus souvent. Je suis surprise, il y a un décalage avec ce que je vois en entretien. Je ne retrouve pas les symptômes d'une dépression, si ce n'est des problèmes de sommeil ; il n'a notamment aucune tristesse. J'observe que l'enfant bâille beaucoup, fait mine de s'endormir de façon récurrente, dit s'endormir très tard la nuit, vers 2 ou 3 heures du matin. Il bâille avec tous les soignants, et à l'école. J'élimine les causes possibles les unes après les autres : ce n'est pas la peur de l'école, ce ne sont pas d'hypothétiques conflits familiaux. Lors d'une séance à domicile, la maman reste à la table du salon avec nous au lieu de nous laisser, je profite de l'occasion et l'associe à l'entretien pour comprendre ce qu'elle a observé. Elle explique que quand Corentin bâille, c'est qu'« il n'a pas envie de dire quelque chose ». Surprise de cette explication, je la garde avec nous. Je lui demande de me raconter l'histoire de sa naissance pour y voir plus clair. Elle m'apprend que l'accouchement, à terme, s'est très mal passé. Elle a manqué mourir à la suite de baisses de tension sévères, on lui a donc injecté des produits de réanimation alors que l'enfant n'était pas encore né. Elle a été sauvée. Mais Corentin, une fois né, dort, n'ouvre pas l'œil, ne bouge pas. Du coin de l'œil, j'observe Corentin pendant cette histoire tragique, qu'il connaît pourtant : il ne bâille pas, fasciné, en apnée, il boit littéralement les paroles de sa mère. Elle continue, expliquant que Corentin est en fait quasi empoisonné par les produits de réanimation, que son foie n'arrive plus à filtrer, mère et fils ont le teint qui devient jaune, et l'équipe pédiatrique ne remarque rien. Alors que la mère est de plus en plus paniquée par le sommeil trop profond du bébé, au bout de quelques heures où elle essaye de donner l'alerte, l'équipe réalise enfin ce qui se passe. Corentin est hospitalisé en urgence en réanimation, mais sur les clichés d'imagerie, des AVC massifs sont visibles dans son cerveau. Le pronostic est sombre.

Corentin doit la vie à l'intuition de sa mère sur ce sommeil pathologique. Je comprends que Corentin ne cesse de remettre ce symptôme au premier plan, d'attirer et de captiver l'attention exclusive de sa mère, comme à l'époque, comme s'il y avait une transe négative sur ce moment où la mère puis l'enfant ont failli mourir. Comment ne pas être traumatisé par de telles sensations d'effroi ? Je vérifie donc auprès de Madame : elle ne peut plus entendre les bruits des machines de réanimation à la télévision, elle éteint immédiatement la télévision, le cœur battant, elle évite tout ce qui lui rappelle cette époque, et elle revit littéralement l'événement en nous le racontant, en sueur, en pleurs. L'état de stress post-traumatique chronique est bien là, non diagnostiqué et non pris en soin depuis neuf ans. je lui explique cela, ainsi que les possibilités de l'hypnose ou de l'EMDR, elle est partante, elle est en demande, elle revit à l'idée de pouvoir aller mieux, de se détacher de ce moment, et de reprendre sa vie (son ex-mari s'est remarié, mais elle est seule). Elle prend contact avec un thérapeute extérieur par la suite.

L'état de stress post-traumatique chronique est bien là, non diagnostiqué et non pris en soin depuis neuf ans

Les séances continuent avec Corentin. Il ne bâille plus, il n'a plus de problèmes de sommeil. Il émerge, il envisage de nouveaux horizons. Pourtant il affole encore l'école : il a des colères qui montent trop haut, il se fait mal avec un compas exprès, il terrorise son voisin de classe avec des histoires de clowns sanglants ; ses dessins, emplis de couleur rouge, seraient sanglants aussi. Ma collègue orthophoniste, qui le suit pour un trouble du langage, me rapporte qu'il a effectivement une fascination pour les dessins animés qui terrifient, avec des histoires de mort violente. Je me dis alors que si la mère a un ESPT, il est possible que Corentin en ait un par ricochet. Je vérifie avec lui. Est-ce qu'il a des images devant les yeux qui lui font très peur et qui reviennent quand il ne s'y attend pas ? Il répond immédiatement : il voit « un bébé roulé en boule, il veut bouger, mais il ne peut pas bouger ». Cette image lui fait « une peur intense, peur qui devient une tristesse sans fin ». Et cette image revient en flash, quand il ne s'y attend pas, il n'a pas le temps de la voir qu'il ressent déjà « la peur, puis la tristesse sans fin ». Je suis stupéfaite par ce que j'entends, et par la précision des propos de cet enfant qui a souffert d'un retard de langage. La fascination pour la peur, qu'il s'agisse de la subir ou de la provoquer, vient bien de la naissance traumatique. Je ne pense pas que Corentin puisse se rappeler l'événement, mais je pose l'hypothèse que ce sont les sensations de sa mère et son récit, qu'il a absorbé depuis sa naissance. Il a donc autant un ESPT que sa mère.

Je saisis la balle au bond, je lui demande s'il veut se libérer de cette image et des sensations qui y sont associées. Il accepte franchement. Je lui demande où il ressent les sensations de peur et de tristesse dans son corps. Il répond : « Dans tout le cerveau ! » Je lui demande de me montrer où est son cerveau, il touche son front au-dessus d'un sourcil. Je procède à une analgésie de la main en faisant un cercle de « piqûres » au crayon à papier, il trouve que cela va un peu lentement et me demande d'aller plus vite, je fais ce qu'il me dit. Je pince ses deux mains pour voir si l'analgésie est présente, en me rappelant trop tard qu'il a une hémiplégie, même si elle est quasiment invisible et ne se manifeste que comme une faiblesse. Le test n'est pas concluant, il ne sent pas d'inconfort ni dans une main ni dans l'autre. Me rappelant que c'est dans sa tranche d'âge que la réceptivité à l'hypnose marche le mieux, je continue quand même, lui fais toucher son « cerveau » de sa main supposée être analgésiée et lui demande de diffuser l'analgésie. Il le fait, mais vraiment vite. Je me demande si cela a fonctionné.
Lors des séances suivantes, je vérifie si les symptômes continuent. Il me dit que l'image n'est plus là, qu'elle n'est pas revenue, qu'il n'arrive pas à retrouver les sensations d'avant quand il cherche à s'en souvenir. Une fois, il me dit de ne pas m'inquiéter, ce n'est plus là, et si cela revenait, il suffirait de me faire « le petit rond dans la main et ça serait parti ». Plus tard encore, quand je repose la question, il plisse les yeux, cherche et dit :

« Ah oui, maintenant je me rappelle. C'est parti. »

De plus, j'apprends que la qualité principale qu'il s'attribue est « bouger », il est tonique par nature, ou parce qu'il a survécu ; donc l'indication d'un tempo plus rapide pour la séance était peut-être particulièrement pertinente. Dans les jours qui suivent, il s'ouvre, il s'éveille, même s'il reste des fragilités et qu'il y a encore besoin d'étayage. S'il bâille, c'est seulement pour revendiquer son ennui et son envie de bouger et de jouer de garçon de 9 ans. Tout le monde se rassure, et notamment l'école. Son père dit : « C'est comme s'il s'était libéré. Il a mûri. Il travaille bien maintenant à l'école. Il est vraiment très heureux. »

On ne peut que regretter que lorsque de tels accidents se produisent en néonatalogie ou en périnatalité, il n'y ait pas une vérification systématique pour savoir si l'un ou l'autre des parents n'a pas, au-delà d'un mois de stress aigu normal, une réaction pathologique d'ESPT. On ne peut que mettre l'accent sur le côté essentiel d'une prévention précoce ciblant aussi ce type de pathologies psychiques, et non pas seulement somatiques. Ces pathologies psychiques sont aisément repérables, et d'autant plus faciles à traiter qu'elles sont récentes. Ce pourrait être une indication pour les services de néonatalogie, de périnatalité, de pédiatrie, les CAMPS… Cela éviterait que l'enfant soit atteint à son tour par ricochet, après les parents, et permettrait une meilleure qualité de vie de la famille, propice à un développement plus harmonieux de l'enfant en situation de handicap.

Pour conclure, les personnes en situation de handicap moteur ont la même vie psychique que les autres, même s'ils présentent des troubles cognitifs, mais ils sont probablement plus à risque sur des questions de douleur chronique, de marche, de traumatisme, et peut-être plus encore de peurs et de stress. Lors d'une séance d'hypnose traditionnelle, l'induction est à adapter, mais elle fonctionne. Les métaphores thérapeutiques peuvent opérer si l'hémisphère droit n'est pas trop durement lésé. Le traumatisme est à rechercher dans chaque situation de handicap, que ce soit au moment de l'accident, de l'annonce, de la prise de conscience, chez le parent comme chez l'enfant, si petit soit-il. Dans des suivis, l'hypnose éricksonienne peut avoir une place de choix pour identifier un problème psychique précis, affiner le diagnostic, identifier les ressources et aider le patient à franchir un cap.

De plus, ces observations nous renvoient aussi au mode de représentation des équipes. Soit ces dernières ont comme représentation qu'un accompagnement psychique ne peut être qu'une écoute active (sentie comme à la limite de la passivité, ce qu'elle n'est pas), ou un coaching, vue la lourdeur du handicap. Soit les patients ont de telles interactions et une telle familiarité avec elles qu'ils en oublient complètement leur handicap et parlent d'eux comme s'ils parlaient, bougeaient, dansaient,

prévoyaient, organisaient, ce qui est une forme de déni des problèmes… L'approche éricksonienne, encore peu connue ou pratiquée dans ces structures, pourrait aussi, notamment au travers d'analyses de la pratique, se transmettre aux équipes, enrichir encore les interactions avec les patients, et permettre une prise en soin plus confortable et plus adaptée.

Sources

Rosen S, Erickson M. H. *Ma voix t'accompagnera… Milton H. Erickson raconte.* [*My Voice Will Go with You. The Teaching Tales of Milton Erickson*. 1982]. Hommes et Groupes éditeurs ; 1986.

Erickson M. H. *L'Hypnose thérapeutique. Quatre conférences.* [*Healing in Hypnosis*. 1983]. ESF Editeur ; 1986.

Erickson M. H., Rossi E. L. *L'Homme de février. Évolution de la conscience et de l'identité en hypnothérapie.* [*The February Man: evolving consciousness and identity in hypnotherapy*. 1989]. Satas ; 2002.

IPNOSIA

Centre de Formation et d'Etude en Hypnose

L'hypnose conversationnelle : simple ou complexe? Nantes, 27 et 28 janvier 2023

Isabelle Federspiel, anesthésiste

Hypnose et Acouphènes Nancy, 10 et 11 mars 2023

Ianik Skorintschouk, anesthésiste

Spontanéité, créativité, narrativité Paris, 18 mars 2023

Emmanuel Soutrenon
Psychologue

Jennifer Legros
Comédienne

Hypnoanalgésie et Huiles essentielles Bordeaux, 25 et 26 mars 2023

Marie-Pierre Delaunay
Infirmière

Antoine Bioy
Psychologue

Renseignements : ipnosia.fr, rubrique : « Formations spécialisées / se perfectionner en hypnose »

dpc · Datadock · fifpl · Qualiopi processus certifié · RÉPUBLIQUE FRANÇAISE

Échos de la science

Des nouvelles de la science et de l'hypnose

Cyril Le Roy, Silvia Morar, Gaëlle Antoine, Antoine Bioy

Hypnose et membre fantôme

Les Hôpitaux Universitaires de Liège viennent de publier une série de cas portant sur l'étude de l'efficacité de l'hypnose comme approche complémentaire visant à soulager les douleurs du membre fantôme chez des patients amputés.

Une série de cinq entretiens individuels de 45 minutes, un tous les quinze jours, leur a été proposée. Chaque entretien comportait une séance d'hypnose de 20 minutes enregistrée. Le patient repartait avec son fichier audio et la consigne de l'écouter quotidiennement jusqu'à la consultation suivante.

Les critères de jugement ont été la réalisation d'échelles d'évaluation validées concernant la composante sensitive et affective de la douleur, l'intensité de la douleur, le sommeil, l'anxiété et la dépression.

La première séance était induite par l'observation de trois choses visuelles, auditives et cinesthésiques avant de les focaliser sur leur respiration et de proposer la visualisation d'un ciel d'une jolie couleur. Petit à petit le ciel devenait bleu avec quelques nuages dont l'un prenait la forme d'un fauteuil où le patient pouvait s'installer confortablement et se ressourcer. On leur suggérait de redécouvrir des choses familières sous un nouvel angle.

Les deuxième et troisième séances étaient personnalisées et reposaient sur la pratique hypnotique de deux activités physiques ou sportives (une par séance) que les patients pouvaient faire avant l'amputation. L'induction se faisait par focalisation de la vision sur un point précis, fermeture des yeux et observation

des couleurs qui apparaissent derrière les paupières, concentration sur la respiration puis installation dans l'activité. Les praticiens faisaient des suggestions sur l'équilibre et la tension musculaires des membres inférieurs et supérieurs.
La troisième séance consistait en un lieu sûr, l'induction était la même que précédemment et les suggestions portaient sur la perception du côté paradisiaque de l'endroit. On invitait les patients à marcher dans leur lieu sûr et à porter leur attention sur le sol sous leurs pieds.
La dernière séance était induite par un scanner du corps en se focalisant sur les sensations, puis d'identifier la sensation la plus désagréable. Cet espace corporel était associé à une couleur correspondant à leur ressenti. Ensuite les patients devaient visualiser une feuille de papier où ils devaient dessiner la zone en question avec la localisation et la couleur associée. On leur suggérait ensuite de déposer la feuille dans un petit ruisseau et d'observer le changement des couleurs sous l'action de l'eau. La transe se poursuivait par l'installation dans un paysage agréable où l'ambiance et les couleurs permettaient au patient de se sentir mieux.
Les patients pour qui les séances sur l'activité physique antérieure étaient inconfortables se voyaient proposer à la place une séance basée sur la légèreté utilisant la visualisation de ballons d'hélium et de montgolfières. Ou encore une séance visant à améliorer le sommeil. Elle consistait à suivre un chemin jusqu'au jardin des rêves à l'entrée duquel une corbeille servait à recueillir les préoccupations dont les patients veulent se débarrasser.
Tous les patients inclus dans l'étude ont vu l'intensité de leurs douleurs et leur anxiété diminuer. Les résultats ont été moins probants concernant le sommeil et les critères de dépression.

Cyril Le Roy

Première mondiale : des chercheurs français ont analysé le fonctionnement cérébral en transe en plaçant des électrodes en intracérébral

Des neuroscientifiques dirigés par Antoine Lutz (Inserm Lyon) ont apporté confirmation des processus neuronaux lors de la transe hypnotique et de la méditation *versus* ceux de l'errance mentale (mode par défaut). Cette étude est la première utilisant des capteurs EEG placés très précisément dans des zones cérébrales profondes, par une technique chirurgicale utilisant l'électroencéphalographie intracrânienne (iEEG), éliminant les artefacts habituels de l'EEG de surface. Les sujets inclus dans l'étude avaient tous plus de 18 ans, un QI à plus de 80, vision normale ou corrigée à la normale, et ont bénéficié d'une implantation de 11 à 15 électrodes dans

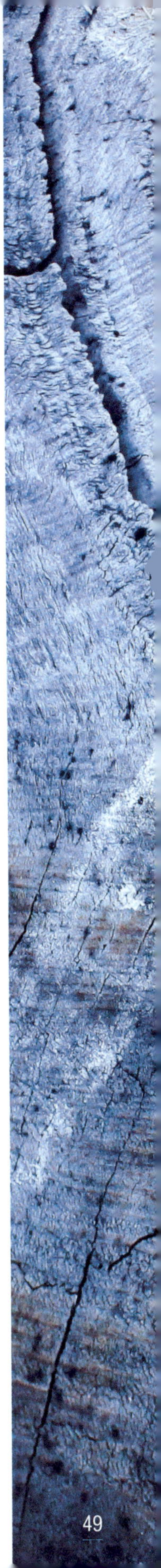

les régions temporales, frontales et/ou pariétales profondes. Ces zones avaient été déjà mises en évidence par l'étude d'imagerie par résonance magnétique fonctionnelle (IRMf) comme étant impliquées dans les processus de transe. Vingt-quatre heures minimum après l'intervention chirurgicale, les sujets ont été placés en état de transe hypnotique, de transe méditative (pleine conscience) et d'état d'errance mentale. Le fonctionnement cérébral dans chacun des états a été analysé et comparé : les résultats ont révélé que les états méditatifs et hypnotiques, en particulier chez les participants entraînés ou hautement hypnotisables, sont associés à des changements d'activation qui se chevauchent partiellement dans les zones cérébrales impliquées des réseaux cérébraux à grande échelle tels que le réseau de saillance (système attentionnel) et le réseau exécutif frontal. Les modulations d'amplitude retrouvées étaient sensiblement identiques chez les patients en transe hypnotique et transe de méditation de pleine conscience, rapportés à l'errance mentale. Ce fait confirme ce que de nombreuses études neuroscientifiques (IRM fonctionnelle, EEG, etc.) ont déjà mis en évidence, à savoir que la transe hypnotique et la transe méditative se basent sur le même type de fonctionnement cérébral, d'une part, et que ce type de fonctionnement particulier n'a rien à voir avec l'errance mentale ou le mode par défaut, d'autre part.

On note une influence de la transe (qu'elle soit hypnotique ou méditative) sur la mise en route des processus de plasticité neuronale

Une autre découverte intéressante de cette étude est la mise en évidence de l'influence de la transe (qu'elle soit hypnotique ou méditative) sur la mise en route des processus de plasticité neuronale. Par le passé, ces phénomènes de plasticité notamment chez les méditants, avaient été mis en évidence à long et à moyen terme (minimum 6 semaines de pratique). Le professeur Lutz et ses collaborateurs de Lyon montrent que les premières étapes de la plasticité apparaissent dès les premières minutes de la transe hypnotique ou méditative (17 minutes).

Ces découvertes sont importantes pour la pratique : le script utilisé pour obtenir la transe profonde est complètement différent de celui utilisé pour obtenir « l'errance », ce dernier étant typique d'un script de sophrologie. En conclusion pour notre pratique on sait maintenant avec précision que le fonctionnement cérébral en transe profonde est particulier et qu'on peut obtenir des réponses plus solides immédiates (mise en route de la plasticité) et donc très probablement plus pertinentes dans le temps.

Silvia Morar

Hypnose pour la gestion de la douleur et de l'anxiété chez les personnes âgées atteintes de troubles cognitifs subissant des ponctions lombaires programmées : une étude pilote contrôlée randomisée

L'évaluation des amyloïdes et des biomarqueurs tau du liquide céphalo-rachidien, est recommandée pour affiner la précision du diagnostic de la maladie d'Alzheimer. Les ponctions lombaires (PL) sont des procédures invasives qui peuvent induire de l'anxiété et de la douleur.

Cette étude monocentrique randomisée contrôlée, réalisée en hôpital de jour gériatrique, a évalué le bénéfice de l'hypnose lors de la réalisation de PL à visée diagnostique chez 50 patients atteints de troubles cognitifs évocateurs de maladie d'Alzheimer. L'âge moyen est de 77 ans, avec un score moyen au Mini-Mental State de 23,2.

La préparation de la séance permet de repérer les centres d'intérêt du patient et les meilleurs canaux sensoriels.

La séance débute avant le geste par une centration sur la respiration et la relaxation du corps. Le thérapeute donne ensuite une série de suggestions directes induisant un yes set. Chaque réponse à une suggestion précédente conditionne le sujet à répondre plus fortement à la suivante. Puis, le patient est invité à rentrer dans un état de transe plus profond au cours duquel sont utilisées la confusion (phrases doubles négatives), la narration hypnotique, la diversion, des phrases sans fin et des suggestions positives. Le thérapeute utilise les canaux sensoriels pour moduler les sensations inconfortables pendant la PL.

À la fin de la procédure, la réorientation se fait grâce à un changement de ton de voix du thérapeute et une invitation à bouger le corps.

Les scores d'anxiété autodéclarée et d'anxiété hétéroévaluée étaient significativement plus faibles dans le groupe hypnose, de même que la variation de la fréquence cardiaque. La durée moyenne de la PL était statistiquement plus courte avec hypnose. Le ressenti global de la procédure réalisée avec hypnose était vécu comme « meilleur que prévu ».

Ainsi, l'hypnose, dans ce contexte, peut être considérée comme une option efficace pour aider à soulager la détresse associée à des procédures médicales inconfortables.

Gaëlle Antoine

En finir avec la suggestion ?

Une étude anglaise a évalué si les patients souffrant de troubles de la personnalité, de troubles liés à un traumatisme ou à un facteur de stress et de troubles neurologiques fonctionnels présentaient une suggestibilité hypnotique élevée. Une méta-analyse a révélé que les patients présentaient une plus grande suggestibilité hypnotique que les témoins. Cet effet a été observé dans tous les sous-groupes, mais était plus prononcé chez les patients souffrant de troubles dissociatifs. Ceci amène différentes implications dans la pratique, selon les auteurs :

- La réponse aux suggestions verbales directes peut participer à un diagnostic psychopathologique des troubles cités. Notamment, cela permet de faire le diagnostic différentiel entre schizophrénie et troubles dissociatifs (la différenciation n'allant pas toujours de soi cliniquement). Notamment, car les personnes atteintes de schizophrénie, de troubles bipolaires, de troubles anxieux pathologiques et de troubles obsessionnels compulsifs ont un niveau de suggestibilité moins important.
- Également, le niveau de réponse aux suggestions permet un diagnostic plus précis concernant les troubles neurologiques fonctionnels (puisqu'ils semblent suivre les mêmes mécanismes).
- La bonne suggestibilité serait un élément prédictif des suivis avec hypnose de ces patients, y compris encore une fois sur les tableaux neurologiques complexes (et donc aussi un élément de pertinence pour savoir si la méthode hypnotique est la plus indiquée ou non).
- Puisque le niveau de suggestibilité est élevé dans les troubles cités, alors même sans hypnose un travail avec des suggestions directes est à conseiller. Pour autant, les auteurs rappellent que les études montrent des effets délétères des suggestions employées lorsque la personne n'est pas formée à leur usage avec ou sans hypnose (et cela est aussi vrai pour les personnes intervenant auprès de ces populations très sensibles sans formation psychopathologique préalable).

> Peut-être même dans certains cas faudrait-il mieux « freiner » la suggestibilité des patients, du moins lorsqu'ils ne présentent pas de troubles dissociatifs ?

Les auteurs discutent par la suite des résultats en fonction de différents modèles. Retenons juste un point : une suggestibilité importante, que ce soit dans un cadre normal, pathologique, ou accompagnant une pathologie (co-morbidité) donne lieu à une moindre perception par les individus des intentions (de l'autre) et ne facilite pas la mise en sens d'un événement compliquée, voire problématique. D'autant que ce tableau se complète par un sentiment d'agentivité diminué (sentiment de sa capacité à agir sur les autres et le monde). Autrement dit, être très suggestible peut certes être « pratique » pour l'hypnose (les suggestions peuvent être directes, porter facilement et mieux), mais côté patient, l'expérience n'est pas forcément aidante, ou en tout cas ne va pas de soi pour constituer des ressources. Peut-être même dans certains cas faudrait-il mieux « freiner » la suggestibilité des patients, du moins lorsqu'ils ne présentent pas de troubles dissociatifs ?

Autrement dit, être très suggestible peut certes être « pratique » pour l'hypnose (les suggestions peuvent être directes, porter facilement et mieux), mais côté patient, l'expérience n'est pas forcément aidante, ou en tout cas ne va pas de soi pour constituer des ressources. Peut-être même dans certains cas faudrait-il mieux « freiner » la suggestibilité des patients, du moins lorsqu'ils ne présentent pas de troubles dissociatifs ?

Antoine Bioy

Bibliographie

Hypnose et membre fantôme

Bicego A., Delmal, Pauline, Ledoux D., Faymonville M.-E., Maertens De Noordhout B., Cerasoli A., Cassol H., Gosseries O. & Vanhaudenhuyse A. (2022). Self-Hypnosis for Phantom Limb Pain: A Multiple-Case Study. *OBM Integrative and Complementary Medicine*, *07*(03), 040.

Première mondiale : des chercheurs français ont analysé le fonctionnement cérébral en transe en plaçant des électrodes en intracérébral

Neural dynamics of mindfulness meditation and hypnosis explored with intracranial EEG: A feasibility study. Prisca R Bauer 1, Cécile Sabourdy 2, Benoît Chatard 3, Sylvain Rheims 4, Jean-Philippe Lachaux 3, Juan R Vidal 5, Antoine Lutz 3 Neurosci Lett. 2022 Jan 1 ; 766:136345. Epub 2021 Nov 14. PMID : 34785313

Hypnose pour la gestion de la douleur et de l'anxiété chez les personnes âgées atteintes de troubles cognitifs subissant des ponctions lombaires programmées : une étude pilote contrôlée randomisée

Courtois-Amiot P, Cloppet-Fontaine A, Poissonnet A, Benit E, Dauzet M, Raynaud-Simon A, Paquet C, Lilamand M.Alzheimer Res Ther. 2 septembre 2022 ; 14 (1) : 120. doi : 10.1186/s13195-022-01065-w.

En finir avec la suggestion ?

Wieder L *et al.* Hypnotic suggestibility in dissociative and related disorders: A meta-analysis. Neuroscience and Biobehavioral Reviews 139 (2022) 104751.

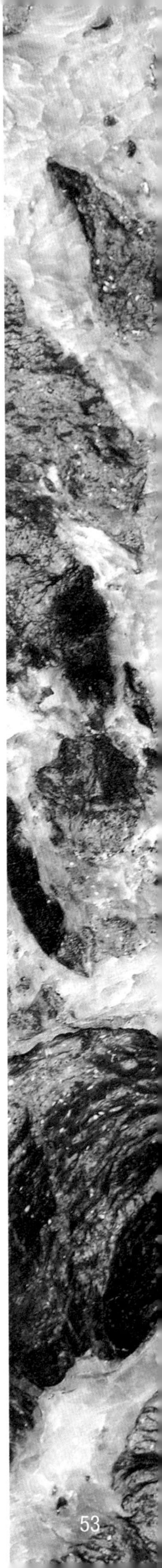

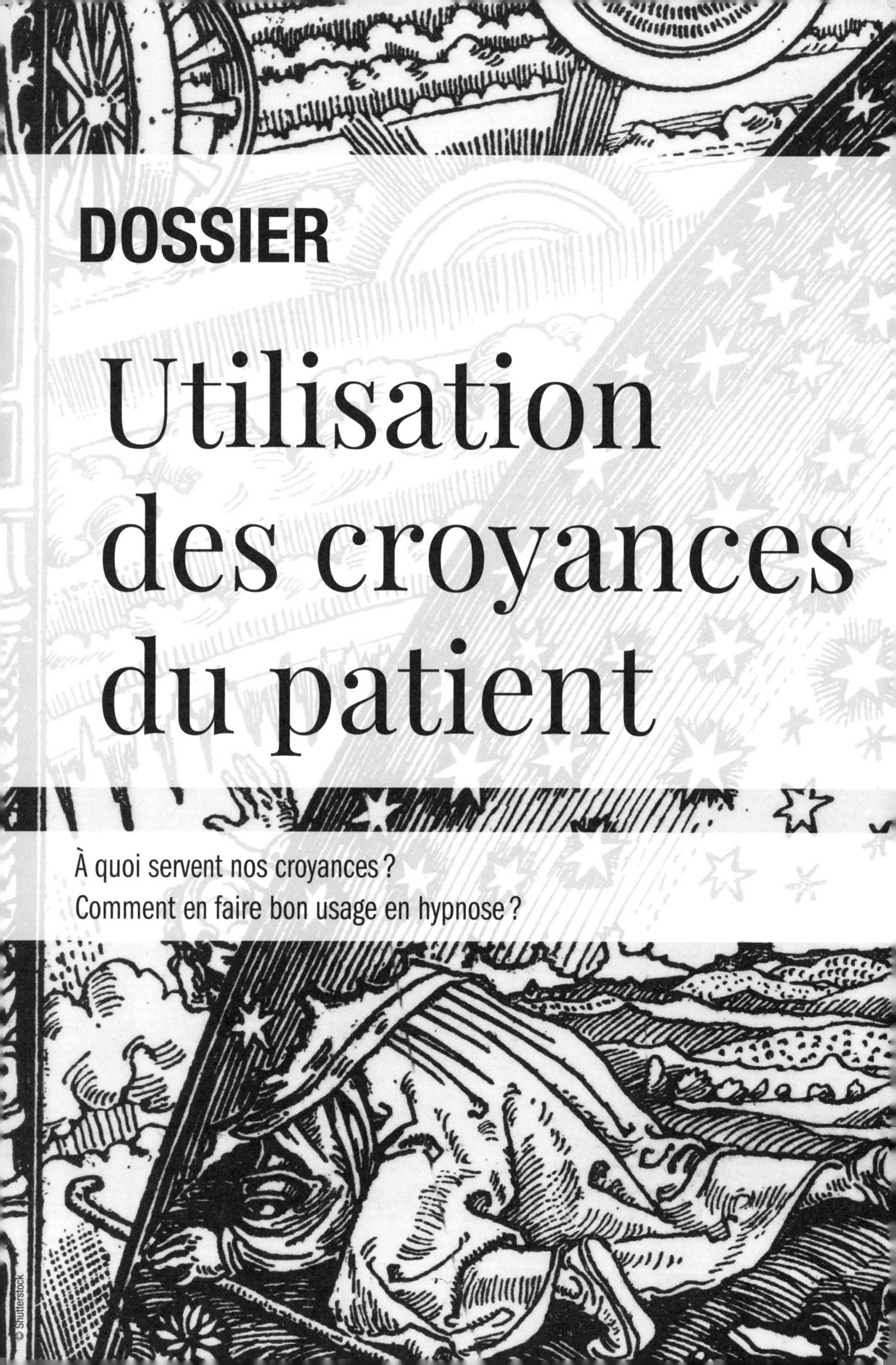

DOSSIER

Utilisation des croyances du patient

À quoi servent nos croyances ?
Comment en faire bon usage en hypnose ?

© Shutterstock

La puissance de nos croyances

Jean-Claude Lavaud

Le champ de nos croyances est quasiment infini. De ce fait, il y a, en hypnose, de nombreuses façons de les prendre en compte en fonction des besoins des personnes.
Dans ce dossier, l'Américain Dan Short explicite la manière dont il utilise les « croyances limitantes » des patients, et comment il est possible, en quelque sorte, d'aider la personne à contourner ses résistances lorsque celles-ci entravent sa progression.

Quant à Consuelo Casula, psychologue italienne, ce sont les comportements, la gestuelle, le non-verbal donc, qui constitue le support de son travail avec les croyances et les « valeurs » associées, des patients comme de celles du thérapeute.

Tous les deux s'interrogent sur leur posture, et sur la façon d'utiliser, en hypnose, cette complexité omniprésente des croyances.

Peu ou prou, nous grandissons au contact des morts, des défunts, des âmes, des ancêtres, parfois des esprits, des entités, des déesses et des dieux, de toute une farandole qui touche à la sphère de l'au-delà

Lorsque l'on évoque les croyances, difficile de faire l'impasse sur celles qui touchent aux religions, ou plus largement à la spiritualité. Peu ou prou, nous grandissons au contact des morts, des défunts, des âmes, des ancêtres, parfois des esprits, des entités, des déesses et des dieux, de toute une farandole qui touche à la sphère de l'au-delà.

60 % des Français supposent que l'âme existe, et qu'elle survit au corps. 40 % des Français estiment plausible la possibilité de la réincarnation[1]. Mais dans le même temps, 49 % croient que nous disparaissons totalement après la mort... Enfin, 5 à 10 % des personnes croient à la résurrection des corps (qui est le dogme officiel de l'Église catholique)[2]. Ces croyances ont une importance fondamentale sur nos équilibres de vie, et il arrive même que dans les situations limites, les guerres, les catastrophes climatiques ou géologiques, elles deviennent des stratégies de survie, des leviers pour agir. Ainsi, nous pouvons aider le patient à mettre du mouvement, et lui suggérer un chemin à l'intérieur de son propre cadre. Pour mettre en perspective ce qui nous affecte (nos anxiétés, nos angoisses, nos phobies, nos désespoirs, nos peurs), et les solutions que nous pouvons trouver à ces maux, nous pouvons avoir besoin de la médiation de l'un ou l'autre des constituants de nos croyances. Si vous croyez aux esprits, c'est pour vous, une réalité. Accepter de travailler avec les représentations que les patients ont de l'au-delà, permet de prendre le temps de déconstruire les peurs, d'abolir les blocages et de construire des solutions.

Certes, ça n'est pas chose facile. Milton Erickson se méfiait de tout ce qui pouvait avoir un caractère plus ou moins mystique, ou plus exactement, de tout ce qui n'était pas validé scientifiquement. Il n'aimait pas utiliser le terme de « télépathie » pour évoquer les transmissions de pensées et autres phénomènes singuliers, qu'il préférait qualifier de « stimuli *subliminaux; sensibilité incroyable; changements mineurs d'expression du visage ou de la respiration...* » (Zeig, 2000).

> Il arrive que nos croyances soient « limitantes » et qu'elles entravent notre autonomisation

Milton Erickson nous a enseigné que si nous pouvons utiliser ce que nous pensons, ce que nous croyons, ou ce que nous produisons, alors cela est « valide ». William James nommait cela, le « pragmatisme ». Dan Short (2021) synthétise la chose en expliquant que nos croyances produisent des effets, et que c'est à l'aune de ceux-là que nous évaluons la pertinence de ces croyances. Il arrive que nos croyances soient « limitantes » et qu'elles entravent notre autonomisation. Dans un raisonnement strictement rationnel, toute croyance est un défaut dans le processus de connaissance objective, scientifique et prouvée. Il faut reconnaître que malgré la somme des connaissances scientifiques qui berce nos vies d'aujourd'hui en comparaison à d'autres époques, les croyances folles véhiculées sur les réseaux sociaux, par exemple, produisent parfois des effets désastreux dans nos équilibres existentiels.

1. Source : L'éternel retour de l'âme. Jean-François Dortier. *Sciences humaines* n° 206 ; juillet 2009.
2. Sources IFOP, 2019 : https://www.ifop.com/publication/les-francais-et-lau-dela/

Pour autant, il est dommage de passer d'un extrême à l'autre : pour vivre, nous avons aussi besoin de nos croyances, y compris lorsque nous croyons « en rien ». Croire serait une fonction naturelle de notre humanité. Les croyances sont des sources de créativité, des points d'appui dans notre recherche d'équilibre. Dès lors que cela sert l'individu à atteindre un objectif, à prendre du plaisir à exister, alors le thérapeute peut prendre en considération les croyances les plus folles. Erickson disait, en riant : « *Quant à ma dignité... au diable ma dignité. Ce n'est pas ça qui m'empêchera d'avancer dans ma vie. Je n'aspire pas à être un professionnel convenable ; je fais des choses qui donnent au patient l'impulsion pour aller dans la bonne direction.* » (Zeig, 1997).

Bibliographie

Short D. *De William James à Milton Erickson.* Bruxelles : SATAS ; 2021.

Zeig J K, Geary BB. *Les Lettres de Milton H. Erickson.* Bruxelles ; SATAS Le Germe ; 2005 pour la traduction française (édition originale 2000).

Zeig J K. *Un séminaire avec Milton H. Erickson.* Bruxelles : SATAS Le Germe ; 1997 pour la traduction française (édition originale 1980).

Les croyances, objets d'une investigation thérapeutique

Les croyances du patient peuvent faire l'objet d'une investigation thérapeutique. En hypnose dite « conversationnelle », le thérapeute peut intervenir pour suggérer au patient de progresser pour dépasser ses croyances limitantes.

Traduction Thomas Pruvot

Dan Short

Alors que les médecins prennent soin du corps des patients, les thérapeutes prennent soin de leurs consciences, ce qui nécessite de bien observer ce qu'une personne perçoit comme étant la réalité, pour l'aider à être capable d'exercer son libre arbitre (Short, 2021b).

Ce que l'on sait des recherches en psychologie cognitive, c'est que les informations abstraites (idées et concepts) ne modifient en rien ni les attentes ni les jugements de la personne, à moins qu'elles ne soient présentées de telle sorte que le récit de ces informations devienne irrésistible pour la personne (Borgida et Nisbett, 1977).

> Une croyance peut être définie comme une série de propositions que la personne considère comme « étant vraies », et qu'elle a besoin de croire « vraies »

Autrement dit, ce récit doit présenter quelque chose d'inattendu, et pour comprendre ce que cela veut dire en thérapie, nous avons à connaître les différences entre les croyances et les attentes de la personne venue consulter.

- Une croyance peut être définie comme une série de propositions que la personne considère comme « étant vraies », et qu'elle a besoin de croire « vraies ».
- L'attente est le produit d'un apprentissage tacite, fruit de plusieurs associations de stimulus, généralement exprimé par le corps (par exemple, le patient en chimiothérapie commence à vomir à la vue de la salle de traitement). Les attentes opèrent comme des états émotionnels irrationnels, jusqu'à ce qu'elles soient exprimées par le langage. À ce stade, elles pourront ou non être intégrées comme des croyances.

Quand un système de croyances est partagé à l'intérieur d'un groupe, cela procure un sentiment d'appartenance

La différence, c'est que les croyances gouvernent les comportements volontaires, alors que les attentes, préverbales, gouvernent les comportements non volontaires, et le système nerveux automatisé.

De surcroît, les croyances prédisent les résultats : lorsqu'une croyance est précise, elle permet aux gens de prendre de sages décisions et des prédictions stratégiques. Pour intégrer ces choix basés sur une croyance, nous nous reposons sur les attentes qui servent d'intermédiaires avec des chaînes complexes d'actions habituelles (marcher, parler, s'habiller, conduire). Ce processus automatique nous évite de faire des millions de choix conscients dans la journée. Cependant, les effets d'attente sont potentiellement indépendants, et toujours différents qualitativement des croyances conscientes. Par exemple, pensez à la jeune femme qui a pleinement l'intention de se marier, mais qui, alors qu'elle marche lors de la cérémonie de mariage vers son futur époux, commence à pleurer et s'enfuit de la salle des fêtes en courant. Cette réponse va être difficile à expliquer si sa croyance (« c'est lui le bon ») ne correspond pas à ses attentes inexplorées (« c'est un mariage désastreux »). Alors que les croyances se prêtent à l'examen conscient, les attentes préverbales doivent être inférées à travers le comportement.

Une autre fonction clé des croyances est qu'elles viennent solidifier la notion d'identité à travers un processus de communication de l'intention (« j'ai fait ceci parce que... »). Quand un système de croyances est partagé à l'intérieur d'un groupe, cela procure un sentiment d'appartenance et de résonance émotionnelle dans ce groupe (« nous connaissons la vérité »). Dans sa forme extrême, les croyances de groupe se manifestent par de l'endoctrinement ou de l'embrigadement, influençant de manière très forte à qui faire confiance et ce qui est perçu comme important. Plus le bénéfice émotionnel dérive d'une croyance, plus il est probable qu'une personne ne porte son attention que sur ce qui viendrait confirmer cette croyance. De plus, les croyances irréfutables créent des écosystèmes autosuffisants, qui peuvent produire ce que des observateurs désignent comme de la superstition, de la rationalisation, du déni ou même du délire. Notons que le langage est plus adapté pour s'occuper des croyances, tandis que les attentes sont mieux adaptées aux expériences, à l'action. Ainsi, l'hypnose se concentre plus sur une expérience vécue (de manière virtuelle ou comme une directive thérapeutique). Il en résulte quatre règles générales, chacune prévue pour traiter les deux faces d'un processus double : ce que le thérapeute dit et ce que le thérapeute fait. Chaque règle commence par le verbe « demander » ou « discuter » (ce que le thérapeute dit) suivi d'une description de ce que le thérapeute fait : rejoindre, utiliser, défendre, renforcer. Comme nous le verrons, ces deux compétences se fondent harmonieusement à l'intérieur de l'hypnose conversationnelle.

Demander au client ses croyances les plus importantes – le rejoindre en tant qu'allié

De la même manière qu'un chirurgien ne soigne pas un patient en fonction de ses croyances, chaque thérapeute a un devoir éthique de servir les besoins du patient, de favoriser l'amélioration de son état émotionnel, de ses comportements ou de ses fonctionnements sociaux. D'un point de vue clinique, les croyances peuvent comporter des idées qui paraissent paranoïaques, délirantes, grandioses, ou déconnectées de la réalité. Là où la posture thérapeutique « d'acceptation inconditionnelle » devient complexe, c'est lorsque le patient croit que le traitement que le thérapeute propose n'a pas de valeur, ou pire, que cela lui fait du mal.

Mme Sanchez, revenant pour un rendez-vous, entre dans mon bureau et dit avec colère : « Je pense que vos commentaires sur moi lors de ma première visite étaient faux et merdiques ! Je suis désolée d'utiliser ce type de vocabulaire, mais il me faut beaucoup de courage pour venir ici et lorsque vous me dites "d'arrêter de murmurer" c'est impardonnable ! J'ai travaillé dur en tant que "femme Latina" pour trouver ma voix. »

En résumé, elle croyait que sa confiance avait été cruellement trahie. Même si je n'avais aucun souvenir d'avoir dit une chose pareille, ma tâche n'était pas de me justifier, mais plutôt de créer une expérience de sécurité ; quelque chose qu'elle avait demandé avec crainte au début de sa thérapie.

En m'adressant à elle en tant qu'allié, je lui ai répondu : « C'est quelque chose d'horrible à entendre. Je suis tellement heureux que vous ayez trouvé le courage de me confronter. C'est important. Vous êtes en train de vous affirmer. C'est exactement ce qui doit se passer pour que vous puissiez réussir votre thérapie ! »

Après avoir rougi et être passée à un ton de voix plus timoré, elle dit : « Oh... Dr Short, avec vous c'est facile [de s'affirmer]. » puis : « Maintenant

© Victoria Akvarel @ Pexels.com

que j'y pense, vous n'utilisez généralement pas de vocabulaire péjoratif... Il se peut même que ce ne soit pas vous qui me l'ayez dit... c'était ma mère qui me disait toujours de ne pas murmurer. »

Comme avec tous les exemples de conversations hypnotiques, ce n'étaient pas mes mots qui importaient le plus, mais plutôt le choc ou la confusion de se voir soutenue là où elle attendait de l'animosité. Par conséquent ce n'était pas ce que j'ai dit, mais plutôt ce que j'ai fait, qui a altéré ses attentes inconscientes, ce qui a par la suite réorganisé sa mémoire épisodique et donc sa croyance en sa demande initiale.

Les croyances qui mettent le patient en désaccord avec le thérapeute sont difficiles à utiliser[1]. Tout ce qui compose un individu a de la valeur, y compris ses croyances, ses attitudes et ses attentes. Les croyances peuvent être comme une porte qui donne accès aux valeurs principales de la personne et à ses expériences de vie les plus impactantes. Plutôt que de discréditer les croyances d'une personne, il est mieux d'identifier les événements majeurs de sa vie, ceux qui ont besoin d'être scrutés de près. Par exemple, le thérapeute pourrait demander : « Qu'est-ce qui vous a amené à croire cela ? Quand avez-vous commencé à croire fortement à cela ? » Lorsque vous rejoignez la cause du patient en tant qu'allié, la « sécurité » est établie. Grâce à l'apprentissage *associationnel*, votre bureau commence à être ressenti comme un sanctuaire : un lieu où l'on peut parler de tout.

1. En terme clinique, « l'utilisation » est définie comme l'identification d'éléments déjà établis à l'intérieur d'un système qui peut être appliqué à des fins utiles.

Discuter des points d'accord – utiliser des idées partagées

Les personnes défendent souvent avec passion leurs croyances, même après qu'on leur ait présenté d'autres arguments convaincants. Ce comportement normal est connu sous le terme de « persévérance de la croyance ». C'est de cette manière que les individus maintiennent une stabilité dans le sentiment de réalité. Les croyances qui sont partagées à l'intérieur d'un groupe ont d'autant plus de pouvoir. Elles aident les personnes à se définir elles-mêmes ainsi que la manière dont elles se mettent en relation avec les autres. Quand ces croyances sont attaquées, cela menace le sentiment d'appartenance des individus et leur connexion aux autres. Ainsi, les croyances doivent être abordées avec soin et respect. Certains affirment, au nom de la relation thérapeutique, qu'il serait mieux d'ignorer les différences de croyance et de simplement agir comme si vous étiez en accord avec tout ce que le patient dit. Cependant, le respect ne peut jamais s'établir dans le mensonge. Si vous n'êtes pas d'accord avec les croyances d'une autre personne, vous ne devriez pas prétendre l'être. Heureusement, vous n'avez pas à être d'accord avec toutes les parties des croyances de vos patients pour utiliser certains aspects de leur système.

William James avançait l'idée que les « vérités nouvelles » devaient grandir à partir d'une croyance bien établie (Short 2021a). Par conséquent, il est important en thérapie de discuter des points d'accord et d'utiliser par la suite ceux que vous pensez être vrais. Par exemple, si un patient me dit que sa petite amie l'a intentionnellement mis en colère, et que c'est donc de sa faute s'il l'a frappée, ma tâche première est de trouver une croyance existante que nous considérons tous deux comme importante. Je parlais avec une personne comme celle-ci qui se plaignait du système judiciaire et d'être membre d'une minorité marginalisée souffrant de la domination blanche. Ma question fut alors : « Pensez-vous que la domination par la force est quelque chose de mal ? Si oui, parlons de ce qui la rend mauvaise. » Cette question n'avait pas pour but de le présenter comme un oppresseur violent, mais plutôt de basculer la conversation vers un lieu d'accord commun (cet homme est par la suite devenu militant pour les relations non violentes). Si vos actions vont au-delà de « parler le langage du patient », en utilisant des buts qui appartiennent à l'écologie des croyances de votre patient, il y a alors une attente de réussite (« Je peux le faire ! ») qui s'associe automatiquement avec la motivation d'agir (« C'est ça que je veux ! »).

Interroger sur les progrès – défendre les valeurs personnelles du patient

Il est commun pour un patient d'entrer en thérapie avec des croyances spécifiques sur ce qu'est le problème et comment *il est impossible* de le résoudre. Le patient contrôle tous

les arguments et arrive souvent à des positions extrêmes qui ne font que soutenir sa croyance déjà existante. Par exemple, au début de l'année scolaire, je conseillais des parents sur comment aider leur fils adolescent. À cette époque il avait de mauvaises notes, passait son temps à jouer aux jeux vidéo et, en plus de ne rien faire pour aider aux tâches domestiques, il prenait tous ses repas dans sa chambre plutôt qu'à table avec la famille. Les parents n'avaient jamais établi de règles précises ni posé de conditions pour bénéficier de ces avantages. Trois mois plus tard, ils reviennent et m'assurent avoir tout fait comme je l'avais proposé, mais que, de leur point de vue, rien n'avait marché. Ils avaient maintenu leur croyance initiale : « Notre fils est une déception et il n'y a rien que nous puissions faire à ce sujet. »

> « Souvent, des croyances qui ne sont pas questionnées peuvent nous aveugler de ce qui se passe sous nos yeux »

Curieusement je leur demande : « Et ses notes ? Ne se sont-elles pas améliorées ? » Le père admit que les notes étaient meilleures. Je demande ensuite à la mère : « Il ne prend toujours pas ses repas en famille ? » Elle me répondit : « Eh bien, si. Il mange avec nous chaque soir, hier encore il m'a aidée à faire à manger. » Me tournant alors une nouvelle fois vers le père, je demande : « Est-il toujours sur les jeux vidéo ? » Avec un air de surprise soudain, le père répondit : « Eh bien, non. Mon père et lui travaillent ensemble à construire une clôture autour de la propriété. »

Souvent, des croyances qui ne sont pas questionnées peuvent nous aveugler de ce qui se passe sous nos yeux. Quand un thérapeute interroge sur les progrès, cela valide de manière simultanée les valeurs du patient et expose les changements.

Je commence souvent les thérapies en défendant les valeurs du patient et ensuite en passant en revue leurs actions. Par exemple, je parlais récemment avec un homme qui a passé l'intégralité de la séance à se plaindre de sa petite amie et de ses manipulations égoïstes et destructrices. Il a commencé sa diatribe en convenant : « Quand je vous ai vu la dernière fois l'an passé, vous aviez prédit tout cela. Vous m'aviez prévenu que si je retournais avec elle, elle me briserait encore le cœur. Et maintenant, elle me trompe avec son ex-mari. » Pendant cinquante-cinq minutes, je n'ai rien fait d'autre que d'écouter ses critiques à son sujet et d'affirmer la valeur des choses qu'il chérissait, telles que l'honnêteté, la gentillesse et l'intégrité personnelle. Par exemple, je pouvais intervenir en disant : « Vous marquez un point, l'honnêteté est essentielle dans une relation saine. »

Alors qu'il ne restait presque plus de temps pour parler, je lui ai dit : « Il y a une question que vous devez vous poser, une question très importante, n'essayez pas d'y répondre ici. La question est : "De quelle manière êtes-vous exactement comme elle ?" » Avant qu'il ne sorte, il avait déjà confessé trois comportements similaires. « Je lui ai menti, je l'ai suivie et je l'ai menacée. » Plus tard dans la journée, j'ai reçu un SMS de sa part disant qu'il avait déjà identifié huit autres manières d'être qui étaient similaires aux siennes. En d'autres mots, je n'ai pas discuté à propos de sa croyance *qu'il était une victime*. Au lieu de cela, j'ai posé une seule question qui a fait de lui le sujet de cinquante-cinq minutes de sa propre revue critique. En utilisant cette approche indirecte, tout ce qu'il a dit a été utilisé et une discussion sur son potentiel de progression a été initiée.

L'utilisation de la croyance requiert la co-construction d'une narration autobiographique cohérente ainsi que la considération des valeurs qui sous-tendent la motivation de s'efforcer à progresser. Par exemple, après avoir entendu de nombreux exemples décousus de vie commune conflictuelle, le thérapeute pourrait demander « Quand est-ce qu'a commencé ce conflit ? Quelle a été votre manière d'y faire face ? Qu'est-ce qui vous a décidé à demander de l'aide ? Quel dénouement souhaitez-vous éventuellement atteindre ? ». Ces questions aident à construire une narration cohérente et peuvent se coupler avec la reconnaissance des valeurs principales du patient. Par exemple, « Après avoir écouté votre histoire, on dirait que .... semble très important pour vous ? Est-ce là une valeur centrale pour vous ? » Ainsi, les gens ont moins tendance à être sur la défensive sur des informations qui viennent contredire des croyances établies (Crocket *et al.,* 2008). Par conséquent, quand un thérapeute identifie puis défend des valeurs centrales, le besoin de mécanismes de défense (comme le déni ou la rationalisation) est grandement réduit.

Socrate affirmait que chaque dialogue ayant de l'importance doit commencer dans un espace de certitude, puis graduellement progresser vers un état de questionnement

Discuter des zones de doute – renforcer les compétences d'esprit critique

Socrate affirmait que chaque dialogue ayant de l'importance doit commencer dans un espace de certitude, puis graduellement progresser vers un état de questionnement. Les gens doivent utiliser leurs croyances actuelles pour penser. Mais pour que la croissance intellectuelle se fasse, on doit, au bout du compte, dépasser ce système de croyance actuelle. Et ça n'est pas une mince affaire. C'est par les expériences de doute et de questionnement que nous pouvons modifier nos « vérités » de manière adaptative. Ce processus est appelé la pensée critique : « Tu es capable de réfléchir sur ce que tu choisis de croire. » En présupposant cette possibilité, le thérapeute pourrait donc demander : « Voulez-vous examiner cette croyance ? Vous êtes-vous déjà arrêté pour scruter avec attention les preuves de celle-ci ? » Toute pensée critique commence par la volonté de se détacher temporairement d'une idée incontestable et de questionner sa validité.

Créer une expérience de sécurité, une attente de réussite, un ancrage dans les valeurs personnelles et une capacité à interroger les croyances existantes

Si le patient est ouvert au questionnement, il est utile d'établir une ligne de démarcation entre ce qui est très probablement vrai et ce qui est peut-être faux. Il est aussi possible d'introduire l'utilisation d'intervalles de confiance. Par exemple, alors que je m'entretenais avec une patiente qui commençait sérieusement à délirer, je lui demandais : « À quel point cette croyance vous semble-t-elle réelle ? Est-ce entre 0 % et 30 % ou plutôt entre 75 % et 100 % ? » Sa croyance était que son mari et moi avions monté une conspiration pour lui faire du mal. Elle répondit alors que c'était dans la fourchette basse. Je lui ai ensuite demandé : « Qu'est-ce qui vous semble le plus probable selon vous ? » Sa réponse fut : « Que vous essayez tous les deux de m'aider et que j'ai VRAIMENT besoin d'aide. » Plutôt que de chercher à porter le discrédit sur sa croyance originelle, j'ai renforcé ses compétences en termes de « pensées critiques ».

Réflexions finales

En pratique clinique, l'utilisation de la raison est importante, mais pas suffisante. Lorsque vous cherchez à influencer l'orientation à la réalité et le choix, il est nécessaire de créer une expérience de sécurité, une attente de réussite, un ancrage dans les valeurs personnelles et une capacité à interroger les croyances existantes. C'est ce qui fait que l'hypnose conversationnelle est à part, par rapport aux autres thérapies : elle s'appuie à la fois sur les croyances qui permettent la construction de la réalité consciente, et sur les attentes inconscientes qui dictent la plupart de nos comportements quotidiens. Ceux qui utilisent la méthode hypnotique apprécient la complexité de ses réalités subjectives qui s'étendent symboliquement vers l'inconscient. Avec cette approche, les conversations se développent comme des explorations métaphoriques vers des idées enrichies par des sentiments et par la mémoire épisodique. Enfin et surtout, les différences de pensées sont respectées, le pluralisme conceptuel est encouragé, et toute conversation est construite pour donner du pouvoir à ceux qui cherchent de l'aide.

Bibliographie

Borgida E, Nisbett R. E. The Differential Impact of Abstract vs. Concrete Information on Decisions1. *Journal of Applied Social Psychology*, *7*(3), 258–271. 1977. Thomson Brooks/Cole Publishing Co.

Crocket J, Niiya Y, Mischkowski D. Why Does Writing About Important Values Reduce Defensiveness? Self-Affirmation and the Role of Positive Other-Directed Feelings. *Psychological Science*, *19*, 740–747, 2008.

Kirsch I. *Hanging expectations: A key to effective psychotherapy* (pp. XVIII, 231), 1990.

Short D. *De William James à Milton Erickson.* SATAS; 2021a.

Short D. Making Psychotherapy More Effective with Unconscious Process Work; 2021 b.

IPNOSIA
Centre de Formation et d'Etude en Hypnose

Master Class 2023 - *Hypnose et Nature*

Dr Jean-Claude Lavaud (anthropologue, psychothérapeute) en résidence à Ipnosia

- Apprendre à faire une exploration anthropographique et à construire sa légende
- Se confronter à nos croyances et nous adapter à celle de l'autre
- S'imprégner du sauvage, et l'utiliser en séance d'hypnose

« Nous naviguerons à la croisée de deux mondes : la Nature et la Spiritualité. Ainsi, cette semaine sera une occasion de nous mettre en mouvement, avec des apports théoriques et surtout de nombreux exercices inédits qui ponctueront nos journées en terre basque »

Cambo-les-Bains (Pays Basque), 10 au 14 juillet 2023
Renseignements : ipnosia.fr rubrique « formations » ou : secretariat@ipnosia.fr

Repérage des croyances dans le non-verbal

Faire des liens entre les croyances, les postures et l'hypnose.

Consuelo Casula

L'hypnose est un outil qui permet au thérapeute d'utiliser au mieux ses compétences cliniques avec créativité, grâce à la souplesse de ses instruments.

> « La maîtrise de l'utilisation des mots thérapeutiques rend les interventions suggestives capables de susciter les nouvelles émotions dont le sujet a besoin pour aller vers un avenir de bien-être »

Depuis la première conférence sur l'hypnose éricksonienne à laquelle j'ai assisté à Phoenix en 1986, j'ai remarqué que les orateurs, surtout lors des démonstrations, faisaient preuve d'un profond respect pour leur interlocuteur. Mes premiers professeurs ont été Norma et Phill Barretta, Steve Lankton, Kay Thompson, Michael Yapko et Jeff Zeig, pour n'en citer que quelques-uns. Kay Thompson est passée maîtresse dans l'art de choisir des mots polysémiques qui créent de l'ambiguïté et de la confusion, accompagnés de mots bienveillants qui caressent et encouragent le changement, tenant pour acquis les étapes qui se produiront naturellement, spontanément, écologiquement. Avec la pratique, j'ai expérimenté que le rapport, l'utilisation, la restructuration, les suggestions permissives et les suggestions multiples sont des outils pour changer l'esprit inconscient et le rendre plus réceptif à l'expérience de transe (4). La maîtrise de l'utilisation des mots thérapeutiques rend les interventions suggestives capables de susciter les nouvelles émotions dont le sujet a besoin pour aller vers un avenir de bien-être.

Attentive à la pragmatique de la communication, j'observe le processus d'influence mutuelle, les échanges verbaux et analogiques avec le sujet, entre lui et ses différents interlocuteurs, centrés sur l'objectif thérapeutique à atteindre.

L'habileté hypnotique ne consiste pas seulement à savoir parler, mais aussi à savoir écouter. L'écoute participative permet au clinicien de capter les mots-clés du sujet, de les utiliser, d'identifier ses métaphores et de les disséminer dans les suggestions ultérieures : les mots-clés peuvent également servir à construire des histoires thérapeutiques qui restructurent l'expérience et proposent des interventions résolutives.

En plus de l'écoute des expressions verbales du sujet dans le récit de ses vicissitudes, Jeff Zeig invite à soigner scrupuleusement son accompagnement non verbal et paraverbal : posture et proxémique respectueuses, douceur ferme du geste, tendresse du regard, ton interrogatif plutôt qu'imposant. Et de remarquer si la voix des sujets se fendille d'émotion, si leurs yeux s'humidifient de larmes qui restent suspendues entre les cils pour en profiter pour leur donner la permission de laisser couler sur leur visage ces nouvelles larmes d'une vieille douleur. D'autres fois, c'est un geste spontané et significatif du sujet qu'il faut saisir, avec une invitation à le répéter (prescription du symptôme) et à prêter attention aux sensations, émotions, pensées qui y sont liées.

L'habileté hypnotique ne consiste pas seulement à savoir parler, mais aussi à savoir écouter

À cet égard, je me souviens de Giovanna qui, pour décrire le sentiment d'anxiété qui la bloquait, a dessiné une spirale sur la zone du ventre avec sa main droite. Je lui demande de fermer les yeux et de répéter intentionnellement ce geste en se concentrant sur les sensations ; au bout d'un moment, je lui propose d'inverser l'ordre de la spirale et de percevoir la différence. L'inversion du mouvement de la spirale a eu le pouvoir de la calmer : depuis, la patiente l'utilise pour se rassurer.

À d'autres moments, certains sujets déplacent les deux mains comme s'il s'agissait de deux plateaux de balance, prêts à peser les incertitudes ou les doutes sur une décision à prendre. Je choisis ensuite de passer de l'hypnose conversationnelle à la transe formelle et demande au sujet d'imaginer qu'il pose une hypothèse sur la paume d'une main et l'alternative sur la paume de l'autre. J'invite le sujet à se concentrer sur une main à la fois pour discriminer de chaque main/alternative les sensations kinesthésiques, les images, les associations auditives qui émergent spontanément, liées aux pensées et aux souvenirs. Une fois l'exploration des réactions d'une main terminée, je propose une pause puis je déplace l'attention sur l'autre main et observe les différentes réactions kinesthésiques, visuelles et auditives provoquées par l'autre option, avec ses corrélats émotionnels et cognitifs. Ce travail permet au sujet d'atteindre une clarté qui lui faisait défaut auparavant et devient la base d'une investigation plus poussée avec d'autres stratégies hypnotiques.

La thérapie est un voyage par étapes, un voyage avec un début et une destination, avec des arrêts pour faire le point

La compétence communicationnelle acquise par l'hypnose est utile pour construire l'alliance thérapeutique et définir des objectifs génératifs. Il est important de capter dès les premiers contacts l'esprit de collaboration du sujet, la volonté de faire confiance au thérapeute de se confier à lui en confiant des pensées profondes, en se mettant en jeu et en s'ouvrant au nouveau.

La thérapie est un voyage par étapes, un voyage avec un début et une destination, avec des arrêts pour faire le point et recharger les énergies. Parfois, lors des arrêts, il peut être opportun de tester l'évolution de la motivation du changement thérapeutique et de procéder aux ajustements stratégiques nécessaires.

À cet égard, je me souviens que Maria était angoissée par le retard de la réponse des juges concernant la garde des enfants : ce retard alimentait sa crainte que les juges ne les attribuent à son mari. Maria déclare qu'elle n'a plus l'intention de laisser son mari voir les enfants. J'attribue ce désir de vengeance à l'angoisse d'attendre la réponse du juge. J'ajoute que nourrir des pensées de vengeance équivaut à prendre une dose quotidienne de poison avec l'illusion que c'est l'autre personne qui en subira les effets négatifs. Remarquant un sourire sur son visage, je lui fais comprendre que je n'ai pas l'intention de l'aider dans une quelconque démarche de vengeance. La patiente me rassure en me disant que ce n'était qu'un accès de colère passager.

Parfois, je trouve nécessaire de redéfinir non seulement l'objectif mais aussi mon rôle thérapeutique et je demande aux sujets de lever l'ambiguïté de certaines phrases : je ne veux pas être complice de comportements, d'attitudes ou de valeurs que je ne partage pas. Comme lorsque j'ai demandé à une patiente qui répétait souvent « Je n'en peux plus, je veux mourir » si elle pensait au suicide. Sa réponse négative m'a fait comprendre qu'il s'agissait d'une figure de style : il était essentiel pour moi qu'elle le reconnaisse également.

En commençant par les enseignements de M. et Mme Barretta et de Steve Lankton, la pratique hypnotique m'a fait expérimenter le pouvoir thérapeutique des métaphores, à la fois comme expression rhétorique dans laquelle on utilise un terme concret et familier au lieu d'un terme abstrait et lointain, mais aussi comme histoire, anecdote, récit thérapeutique. L'utilisation de la métaphore thérapeutique permet de faire des suggestions créatives qui font avancer chez le sujet le processus de changement utile dans cette phase de la vie. Convaincu que la métaphore thérapeutique est la reine de la communication indirecte, je l'utilise également pour exprimer des valeurs que j'ai l'intention d'évoquer mais pas d'expliciter, en semant dans l'inconscient créatif du sujet des propositions résolutives à incuber jusqu'à ce que le changement émerge naturellement et spontanément.

L'hypnose permet également d'adopter une vision systémique lorsqu'on aborde des thèmes spécifiques qui concernent l'identité du sujet. Sur ce thème, j'ai créé la métaphore des cinq pétales de l'identité, dans laquelle je représente chaque sujet comme une fleur aux cinq pétales en interaction continue les uns avec les autres. Quand un pétale souffre, il a besoin du soutien des autres.

Parmi les cinq pétales :

– Le premier concerne l'identité corporelle – sexe/genre, âge, poids, taille – avec des problèmes liés aux troubles alimentaires, à la fibromyalgie, à des maladies plus ou moins graves.
– Le deuxième concerne l'identité sociale avec des problèmes relationnels d'attachement, d'identification dans les différents rôles d'enfants, de parents, de conjoints, d'amants, qui peuvent être liés à des trahisons, des abandons, des deuils.
– Le troisième concerne l'identité professionnelle, avec ses qualifications, ses compétences et ses satisfactions, qui peut entrer en crise en cas de harcèlement, de licenciement, de retraite.
– Le quatrième aborde le thème de l'identité spirituelle composée d'honnêteté, d'intégrité, d'authenticité, de valeurs, de vertus.
– Le cinquième pétale explore l'identité secrète dans le double sens de ce que le sujet cache aux autres et de ce qu'il ignore de lui-même, comme lorsqu'il découvre à l'âge adulte qu'il a été adopté ou qu'il est l'enfant d'un autre père biologique.

> « J'ai créé la métaphore des cinq pétales de l'identité, dans laquelle je représente chaque sujet comme une fleur aux cinq pétales en interaction continue les uns avec les autres »

Stefania, bien que satisfaite de son emploi bien rémunéré, aimerait quitter l'entreprise où elle est employée car elle ne veut plus cacher son homosexualité. Elle vit dans un environnement homophobe et craint d'être victime de brimades, voire

d'être licenciée, si elle révèle qu'elle souhaite épouser sa partenaire.

Je considère également l'hypnose comme un outil efficace pour aider les sujets à identifier les facteurs internes et externes qui influencent le système émotionnel, avec ses sensations physiques, ses pensées associées, ses comportements interdits ou permis, ses valeurs et vertus qui peuvent atténuer ou accentuer son intensité, allonger ou raccourcir sa durée, changer sa modalité et surtout reconnaître sa fonction. Par l'hypnose, j'invite le sujet à identifier quelle composante physiologique, cognitive, comportementale et spirituelle des émotions a le pouvoir d'initier le processus de changement. Et à partir de là, je commence l'intervention thérapeutique.

Antonio, 40 ans, vient en thérapie avant de subir un deuxième cycle de chimiothérapie en raison d'une rechute d'un cancer diagnostiqué tardivement. Lors de sa première visite chez un urologue pour un testicule gonflé, le médecin pose un mauvais diagnostic et prescrit un traitement inapproprié. Après six mois de traitement futile, le patient consulte un autre spécialiste qui découvre un cancer avancé et suggère une intervention chirurgicale rapide. Antonio éprouve de la colère envers le premier médecin et, après l'ablation de la tumeur et le premier traitement de chimiothérapie, il s'adresse à un avocat pour le dénoncer. Pendant le travail hypnotique, il légitime le sentiment de colère qu'il ressent : six mois de retard sur un cancer auraient pu être mortels. Je suggère qu'en ce moment, la colère n'est plus une émotion fonctionnelle pour lui. Maintenant qu'il a confié l'affaire à un avocat pour défendre ses droits, il peut aussi lui déléguer la colère. De cette façon, Antonio peut éveiller des émotions de confiance et d'espoir utiles pour affronter le deuxième cycle de chimio avec sérénité.

L'hypnose peut être rendue encore plus efficace lorsque le clinicien adopte une approche stratégique, comme l'enseigne Erickson, notamment en aidant le sujet à développer plus de souplesse là où il y a une raideur excessive.

Dès les premiers entretiens, je me concentre sur les zones de rigidité accrue qui nécessitent une intervention immédiate et sur celles qui peuvent être traitées ultérieurement. Je cherche à savoir où se cache la rigidité, où le rondin est coincé et empêche la rivière de la vie de couler. J'examine si des lentilles sombres et déformées empêchent une perception et une évaluation claires des phénomènes ; si des émotions dysfonctionnelles, trop intenses et orientées vers le passé empêchent de profiter du présent ; si des croyances limitatives, des erreurs logiques ou des sophismes d'interprétation empêchent un raisonnement complexe de la causalité circulaire. J'étudie également si les comportements stéréotypés et répétitifs provoquent des réactions impulsives au lieu de réponses réfléchies ; si une définition de soi vague et opaque, due aux attributions reçues des autres, entrave le processus d'autonomie et d'intégration ; si les relations interpersonnelles piégées par la manipulation et les abus rendent difficile la reconnaissance des règles situationnelles implicites ou explicites à respecter ou contre lesquelles se rebeller. Suivant l'enseignement de Michael Yapko, une fois que j'ai identifié la zone nécessitant une plus grande flexibilité, je procède à des interventions de processus qui aident les sujets à reconnaître l'ambiguïté, à créer des attentes réalistes, à mieux discriminer et gouverner les impulsions, à définir les responsabilités, à prendre des mesures significatives et des visions prospectives, et plus encore.

Face à l'interruption d'une relation affective dans laquelle émerge la déception née de l'illusion, mon intervention vise à aider le sujet à reconnaître rétrospectivement la tromperie en se basant également sur sa propre auto-illusion. L'intervention que je propose dans de tels cas est une régression au service de l'ego dans laquelle le sujet est invité à se concentrer sur la connaissance de l'ici et maintenant de notre rencontre. Après un ancrage sur les points d'appui – les pieds sur le sol, les cuisses et les fesses sur la chaise, le dos sur le dossier et les mains sur les cuisses –, j'invite le sujet à considérer mon studio comme le lieu sûr où se sentir bien pour entrer en contact avec les ressources de l'ici et maintenant.

Après cet ancrage initial, j'invite le sujet à revisiter l'histoire d'amour à partir du moment où elle a été interrompue. J'utilise des phrases comme… « Vous venez du futur de ce qui s'est passé. Grâce à cette prise de conscience, vous pouvez laisser votre inconscient évoquer des épisodes antérieurs qui auraient pu vous préparer à la rupture.

> **Antonio, 40 ans, vient en thérapie avant de subir un deuxième cycle de chimiothérapie en raison d'une rechute d'un cancer diagnostiqué tardivement**

Maintenant que vous savez ce que vous ne saviez pas auparavant, laissez émerger spontanément dans votre esprit des épisodes dans lesquels vous avez remarqué des mensonges, des fausses promesses, des ambiguïtés. »

J'ai expérimenté l'utilité de ce type de suggestion de rétrospection au service de l'ego avec des sujets qui peinent à accepter la réalité du présent, regrettent le passé idéalisé et n'explorent pas le potentiel du présent et du futur. La vision rétrospective rend évident le fait que l'auto-déception a conduit à accepter les mensonges, à normaliser la non-réalisation des promesses et à justifier un comportement inapproprié. Ce type d'intervention hypnotique traite non seulement de la perte d'un amour mais de la perte d'une illusion, non pas de l'homme aimé mais de l'homme idéalisé, non pas d'un avenir planifié à deux mais d'un rêve individuel non partagé par l'autre et jamais transformé en réalité. Avec cette intervention hypnotique, j'aide le sujet à faire un bilan de la réalité et à comprendre le processus mis en place et maintenu pour cultiver l'histoire d'amour illusoire afin de ne pas répéter un scénario similaire dans de futures relations affectives.

> « Avec cette intervention hypnotique, j'aide le sujet à faire un bilan de la réalité »

J'utilise cette technique, qui part des ressources du présent pour revisiter le passé et dessiner un nouvel avenir, également pour aider les sujets à traiter un deuil, en particulier les deuils non résolus, comme je l'illustre dans le cas suivant.

Bruna, 60 ans, vient en thérapie quatre ans après la mort de son mari, de dix ans son aîné. Lors d'un déjeuner à la mi-août (jour férié italien le 15 août) chez ses beaux-parents, après une dispute avec sa femme, le mari s'en va : quelques heures plus tard, il est retrouvé pendu à un arbre dans le jardin des beaux-parents de sa fille. Bruna s'accuse du suicide, jugeant qu'il a été causé par une impulsion provoquée par leur dispute. Les informations que Bruna me donne sur sa relation avec son mari, et ses actions avant le suicide, me font comprendre qu'il ne s'agissait pas d'un acte impulsif mais d'un acte prémédité. Son mari était très malade, il était traité pour des problèmes cardiaques et une dépression, sa vue était de plus en plus mauvaise. Néanmoins, avant de se suicider, il a réparé ce qui était nécessaire dans le foyer conjugal. Il a également mis de l'ordre dans les documents relatifs aux paiements des services publics. Ces comportements ont permis à Bruna, après le décès de son conjoint, de parvenir facilement à s'occuper de ce qui était auparavant la tâche de son mari. Pas seulement ça. Il était évident qu'il avait prémédité son suicide puisqu'il avait apporté avec lui la corde nécessaire pour se pendre. Bruna m'a donné ces données, mais elle ne les avait pas reliées pour modifier l'attribution de la culpabilité à elle-même et à leur discussion. En utilisant la technique hypnotique de régression au service de l'ego, Bruna a pu revisiter l'événement et reconnaître que le suicide de son mari était un acte délibéré : elle ne voulait plus souffrir. Elle comprend ainsi qu'elle n'est ni à blâmer ni responsable. C'est son mari qui a choisi d'arrêter de vivre la vie qui le faisait souffrir. Et avant de partir, il lui a montré son amour en mettant de l'ordre dans sa maison et ses papiers. Une fois libérée de la culpabilité, Bruna a pu faire son deuil et accepter l'absence de son mari avec sérénité. L'intervention hypnotique avec Bruna a permis de restaurer sa flexibilité perceptive, émotionnelle, cognitive, identitaire, relationnelle et contextuelle.

L'hypnose fournit également au sujet une expérience multi-sensorielle efficace pour les projections dans le futur, qui commencent par un ancrage dans les ressources du présent et une définition claire des objectifs. Dans ces cas, l'imagination créatrice de l'intelligence inconsciente aide le sujet à renforcer la projection dans le futur dans lequel il se voit après avoir réalisé ses objectifs.

En conclusion, l'hypnose a une double valeur : elle apprend au thérapeute à déplacer le tronc de la rigidité, puis à utiliser le moindre changement du sujet pour agir sur son impulsion naturelle, en l'invitant à aller à son rythme vers l'évolution thérapeutique. Une fois le tronc enlevé, l'hypnose invite le sujet à confier le changement à l'intelligence inconsciente qui active un processus d'incubation interne dans lequel des ressources dormantes aident à trouver des solutions même en dehors de la conscience. Jusqu'à ce que le sujet soit prêt.

L'hypnose fournit également au sujet une expérience multi-sensorielle efficace pour les projections dans le futur

© Shutterstock

La thérapie d'acceptation et d'engagement : ACT *pour* Acceptance and Commitment Therapy

La thérapie d'acceptation et d'engagement est une psychothérapie appartenant à la troisième vague des Thérapies Comportementales et Cognitives (TCC), la vague dite émotionnelle.

François Bourgognon

Le premier ouvrage présentant la thérapie d'acceptation et d'engagement (*Acceptance and Commitment Therapy* en anglais) a été publié en 1999 (Hayes, Strosahl et Wilson, 1999). Avant cela, il aura fallu près de quinze années de travaux en psychologie fondamentale – notamment sur les mécanismes impliqués dans le langage et la pensée – pour que le psychologue comportementaliste Steven C. Hayes et ses collègues posent les bases de cette thérapie. Elle a ensuite été popularisée sous l'appellation ACT (c'est-à-dire son acronyme prononcé comme un seul mot) pour mettre en relief la nature active, tournée vers le changement comportemental, de cette approche. L'ACT a toujours été en lien avec la recherche et nous disposons aujourd'hui de centaines d'études, ainsi que de plusieurs méta-analyses, attestant de l'efficacité de l'ACT pour toutes les catégories de troubles psychologiques.

L'ACT a toujours été en lien avec la recherche et nous disposons aujourd'hui de centaines d'études, ainsi que de plusieurs méta-analyses, attestant de l'efficacité de l'ACT pour toutes les catégories de troubles psychologiques

Les TCC ont connu trois vagues successives – comportementale, cognitive, et émotionnelle – qui, loin de s'annuler en se recouvrant, se complètent et s'enrichissent. Les deux sources de l'ACT sont le

Les TCC ont connu trois vagues successives – comportementale, cognitive, et émotionnelle – qui, loin de s'annuler en se recouvrant, se complètent et s'enrichissent

comportementalisme et un nouveau paradigme, le *contextualisme fonctionnel*. Dans l'ACT, l'objectif est spécifiquement d'aider les patients à créer une vie riche, remplie et pleine de sens. Il s'agit de leur apprendre à observer leur propre comportement et à voir comment il fonctionne dans le contexte de leur vie pour se rapprocher de ce qui compte pour eux.

L'enjeu premier n'est pas la réduction ou l'élimination des « symptômes », comme le commanderait une posture mécaniste (par exemple chercher à diminuer l'intensité de la tristesse ressentie), mais l'altération du (ou des) processus incriminé(s) dans le maintien d'un trouble et entravant l'accomplissement de soi (*approche processuelle*).

L'ACT repose sur la *Théorie de Cadres Relationnels (ou TCR)*, une analyse du langage et de la cognition qui rend compte de l'expérience subjective et de la complexité du fonctionnement de la cognition humaine, tout en restant compatible avec les principes fondamentaux du comportementalisme (conditionnement opérant de Skinner, théories de l'apprentissage). Elle permet notamment de comprendre deux processus fondamentaux impliqués dans la plupart – si ce n'est la totalité – des troubles psychologiques : *la fusion cognitive* (la tendance à confondre les pensées avec la réalité et donc à s'y conformer) et *l'évitement expérientiel* (la tendance à chercher à éviter ou modifier son expérience intérieure, même quand cela se fait au prix d'une restriction des actions importantes et de la qualité de vie). Cette théorie vient soutenir l'idée que la souffrance humaine résulte essentiellement du langage, et elle fournit des lignes directrices pour utiliser le langage de façon thérapeutique.

Dans la mesure où, d'après les conclusions de la TCR, le langage joue un rôle majeur dans l'entretien des difficultés, l'ACT est une *thérapie expérientielle*, privilégiant l'observation et l'expérience directe plutôt que l'explication (notamment au moyen d'exercices et de métaphores), et qui s'entraîne au mieux dans le moment présent. La pratique de contact du présent fait écho à la méditation, mais n'est pas proposée ici comme pratique formelle. Précisons que la pratique méditative dans l'ACT s'entend comme un entraînement attentionnel, en dehors de toute forme de croyance, qui consiste simplement à s'efforcer d'être pleinement présent à ce qui se passe ici et maintenant : à ce qui se passe autour de soi, c'est-à-dire à ce que l'on perçoit à travers les cinq sens, et en soi (pensées, émotions et sensations corporelles).

Le postulat de départ en thérapie d'acceptation et d'engagement est que la douleur est inéluctable, elle fait partie intégrante de l'expérience humaine et donc la ressentir n'est pas pathologique en soi. En effet, tout être humain est exposé au cours de sa vie à des maladies, à des accidents, à des deuils, à des conflits et à la seule expectative dont il puisse être absolument certain, à savoir sa propre mort… C'est ce que nous appelons l'inconfort d'exister. Le malheur n'est pas synonyme d'inadaptation, il s'impose parfois tout simplement à nous.

> « Cette théorie vient soutenir l'idée que la souffrance humaine résulte essentiellement du langage »

Pour reprendre Viktor Frankl lorsqu'il cite Edith Weisskopf-Joelson : « *Notre philosophie de l'hygiène mentale insiste d'ordinaire sur l'idée que les gens devraient être heureux, et que le malheur est un symptôme d'inadaptation. Une telle conception, valorisée par le système culturel, est sans doute responsable de ce que le fardeau d'un malheur inévitable s'accroît du malheur de ne pas être heureux.* » *Découvrir un sens à sa vie avec la logothérapie,* Viktor Frankl (1962, éd. française 2006).

Non seulement la douleur est inéluctable, mais la ressentir est extrêmement utile – elle a une valeur adaptative. Lorsque, par exemple, nous approchons notre main d'une flamme, la sensation n'est pas agréable, mais elle est utile : elle nous incite aussitôt à retirer la main pour ne pas nous brûler. De la même façon, avoir peur en présence d'un danger, être en colère face à l'injustice, ou encore ressentir de la tristesse après une perte significative, ce n'est pas agréable, mais c'est utile : nos émotions nous permettent de nous adapter à ce que nous vivons.

La thérapie d'acceptation et d'engagement gravite autour du principe suivant : *au lieu de s'épuiser à essayer, en vain, d'échapper à sa propre expérience, il convient d'embrasser l'inconfort d'exister et de dégager cette énergie pour la mettre au service de ce qui compte réellement pour soi.*

Non seulement la douleur est inéluctable, mais la ressentir est extrêmement utile

Autrement dit, puisque personne ne court assez vite pour échapper à ce qu'il vit et ressent, il y a mieux à faire de son énergie que de courir dans tous les sens. Ceci est d'autant plus vrai que les tentatives de contrôle ou d'évitement de son propre vécu (rangées sous le vocable d'évitement expérientiel), si elles s'avèrent efficaces à court terme, conduisent généralement *in fine* à ce que nous pourrions appeler une « triple peine » :

1. Les difficultés et la souffrance persistent.
2. Les efforts de lutte consomment du temps et de l'énergie, et bien souvent ils aggravent les problèmes.
3. Ces efforts éloignent de ce qui compte réellement pour soi. C'est précisément ce qui se passe dans les troubles psychologiques où les évitements deviennent rapidement plus problématiques que les expériences douloureuses qu'ils cherchent à contrôler : la fuite pour se soustraire à la peur chez un patient phobique, les rituels pour repousser des obsessions chez un patient souffrant de troubles obsessionnels compulsifs, la rumination pour résoudre la tristesse chez un patient dépressif, l'hyperactivité pour échapper à la réactivation de souvenirs pénibles chez un patient traumatisé, les scarifications, les compulsions alimentaires ou encore la consommation de substance pour anesthésier des affects négatifs... La métaphore des sables mouvants est souvent utilisée dans l'ACT pour rendre compte du piège de

la lutte : plus on se débat, plus on s'enfonce... Et plus on a l'impression qu'on ne se débat pas assez fort !

Ainsi, l'ACT propose un changement total de paradigme, considérant qu'il est bien plus opérant d'*œuvrer pour* que de *lutter contre* : *œuvrer pour* donner du sens à sa vie, même en présence de sa souffrance, plutôt que de *lutter contre* la souffrance. Elle promeut *la flexibilité psychologique*, soit la capacité de sortir de la lutte lorsque cette stratégie se révèle inefficace, voire contre-productive, pour pouvoir s'engager dans des actions importantes pour soi. Pour ce faire, l'ACT vise les effets délétères de *la fusion cognitive* et de *l'évitement expérientiel* au moyen de six processus thérapeutiques (voir figure ci-contre) :

- *l'acceptation* qui permet de se rapprocher de ses ressentis ;
- *la défusion* qui permet de voir ses pensées comme des événements mentaux ;
- *le contact avec l'instant présent*, qui permet de porter son attention sur ce qui se passe dans le moment présent ;
- *le soi comme contexte*, qui permet de ne pas se confondre avec son expérience du moment ;
- *les valeurs*, qui connectent avec ce qui est important pour soi ;
- *l'action engagée*, qui permet d'agir en phase avec ses valeurs.

En résumé : présence, acceptation et engagement.

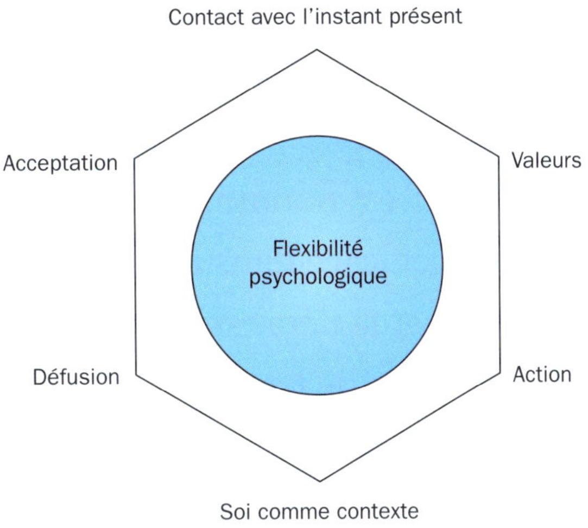

Le modèle ACT organisé en 6 processus thérapeutiques – l'Hexaflex

L'ACT est une thérapie fondée dans la méthode scientifique, en lien constant avec la recherche, et qui a montré son efficacité pour toutes les catégories de troubles psychologiques. Des centaines d'articles sur l'ACT ont été publiés dans des revues à comité de lecture depuis la parution du livre de Hayes, Strosahl et Wilson, qui présenta l'ACT en 1999 (*Acceptance and Commitment Therapy: an experiential approach to behavior change*, New York: Guilford Press).

Œuvrer pour donner du sens à sa vie, même en présence de sa souffrance, plutôt que de *lutter contre* la souffrance

Des essais cliniques contrôlés randomisés ont montré l'effet bénéfique de l'ACT dans différentes pathologies psychiatriques ainsi que dans d'autres domaines de la médecine. L'ACT est notamment reconnue comme efficace dans les troubles de l'humeur et la dépression, les troubles anxieux mixtes, le trouble obssesionnel compulsif, les troubles psychotiques et la douleur chronique. La littérature scientifique est suffisamment abondante pour donner lieu à des méta-analyses et des revues. Ces travaux de synthèse confirment l'efficacité de l'ACT pour traiter des patients présentant une grande variété de troubles, montrant clairement sa supériorité lorsqu'elle est étudiée *versus* traitement habituel ou liste d'attente. L'ACT serait au moins aussi efficace que les TCC de 2e génération, même quand celles-ci constituent un traitement particulièrement bien établi pour le trouble dont il est question – comme c'est le cas dans les troubles anxieux.

> « L'ACT est notamment reconnue comme efficace dans les troubles de l'humeur et la dépression, les troubles anxieux mixtes, le trouble obssesionnel compulsif, les troubles psychotiques et la douleur chronique »

Chercher à avoir une vie riche de sens

La thérapie d'acceptation et d'engagement présente des avantages de poids par rapport aux psychothérapies « classiques » (reposant sur le modèle traditionnel du suivi individuel hebdomadaire pendant plusieurs mois), lui permettant de mieux répondre aux besoins actuels en santé mentale :

L'ACT est une approche transdiagnostique

Plutôt que de se centrer sur un trouble spécifique avec un objectif de réduction de symptômes, l'ACT cible des processus transversaux dans le but de favoriser une plus grande flexibilité psychologique face à n'importe quelle condition. Aussi l'ACT est-elle très largement applicable dans le soin de la souffrance psychique ou physique. De plus, elle serait particulièrement bien adaptée aux patients souffrant de troubles médicaux et psychiatriques comorbides.

L'ACT est une approche flexible

Elle se délivre dans des formats variables – suivi individuel en face à face, téléconsultations, appels téléphoniques, ateliers de groupes – à travers des interventions qui peuvent être brèves (ateliers d'une journée par exemple). Elle est donc adaptable aux différentes populations de patients (accès aux soins parfois limité, attente et motivation différentes) et peut s'intégrer facilement dans la plupart des contextes de soin (contraintes inhérentes à chaque spécialité).

L'ACT aborde une question qui a pu être négligée jusque-là par la psychothérapie scientifique, celle du sens de l'existence. Elle encourage le patient à réinvestir l'énergie de la lutte contre la souffrance dans des actions qui conduiraient à une vie riche de sens. Dans cette perspective, cette approche semblerait bénéfique dans l'accompagnement de patients atteints de maladies chroniques ayant un retentissement existentiel douloureux.

Les chercheurs s'intéressant à l'ACT ont également le souci d'élucider ce qui fonctionne de façon active dans la thérapie, et quels sont les processus de changement. Sur ce dernier point, les études révèlent que la rigidité psychologique et l'évitement expérientiel – processus de base ciblés dans l'ACT – jouent un rôle majeur dans la plupart des troubles psychologiques.

Bibliographie

Bourgognon F, Penet C. *La Thérapie d'acceptation et d'engagement.* PUF, Que sais-je ? Humensis ; 2021.

Frankl V.E. *Découvrir un sens à sa vie avec la logothérapie.* Les Éditions de l'Homme ; 2006.

Harris R. *Passez à l'ACT, Pratique de la thérapie d'acceptation et d'engagement.* De Boeck ; 2012.

Hayes S.C, Strosahl K.D, Wilson K.G. *Acceptance and Commitment Therapy: An Experiential Approach to Behavior Change.* Guilford Press; 1999.

Monestès J-L, Villatte M. *La Thérapie d'acceptation et d'engagement ACT*, Elsevier Masson ; 2011.

Vladimir Mikhaylovich Bekhterev

Hypnothérapeute, incroyable neuromorphologue, neurologue, psychiatre, pathopsychologue, psychologue et sociologue, l'académicien V.M. Bekhterev est une figure de l'hypnose russe.

Rashit Tukaev

Vladimir Mikhaylovich Bekhterev a profondément marqué l'histoire de l'hypnose russe à la fin du XIXe et début du XXe. Ses études sur les phénomènes hypnotiques, l'hypnothérapie des névroses, l'alcoolisme, la méthodologie de la psychothérapie de groupe et l'hypnothérapie restent encore aujourd'hui pertinentes en Russie.

Cependant, ses recherches sur l'hypnose et l'hypnothérapie ne représentent qu'une part de son héritage scientifique. Bekhterev (1903) était un brillant neuromorphologue, qui a décrit les « chemins de conduction » dans le cerveau et la colonne vertébrale ainsi que plusieurs formations du cerveau jusque-là inconnues, comprenant le noyau vestibulaire supérieur (le noyau Bekhterev). En tant que neurologue, il a identifié un certain nombre de réflexes psychologiques et pathologiques et a été le premier à décrire la spondylarthrite ankylosante (maladie inflammatoire de la colonne vertébrale, appelée maladie de Bekhterev).

Il a également conduit l'une des premières études sur les épidémies psychiques, décrivant leurs mécanismes dissociatifs et hystériques (1910). Bekhterev a aussi étudié la relation entre les troubles nerveux et mentaux, les troubles de la personnalité et de la bipolarité. Il a conduit des études psychopathologiques sur les hallucinations et les automatismes mentaux et décrit un certain nombre d'états obsessionnels compulsifs. En ce qui concerne les traitements des maladies neuropsychiatriques, il utilisait la thérapie combinée (ou polythérapie) pour les névroses et l'alcoolisme, la psychothérapie par la distraction, l'hypnothérapie et la psychothérapie collective.

Depuis le début du XXe siècle, les intérêts scientifiques de Bekhterev se sont concentrés sur la construction d'une psychologie objective, qu'il envisageait dans le contexte du comportement associatif-réflexe, pour finalement concevoir la psychologie en tant que réflexologie : une science sur la personnalité qui l'a finalement conduit à la création et au développement de la réflexologie collective (sociologie).

Excellent organisateur d'activités professionnelles, scientifiques, et éducationnelles (Artemyeva et Karapetova, 2021), Bekhterev a fondé la Société de neuropathologie et de psychiatrie de Kazan, la Société de psychoneurologie de Saint-Pétersbourg, la Société de psychologie normale et expérimentale ainsi que l'Organisation scientifique du travail et a également fondé le journal *Le Bulletin neurologique*. Il était le président de la Société russe de psychologie normale et pathologique. Au total, 50 institutions et 12 journaux psychiatriques et psychologiques ont été fondés à son initiative et avec sa participation.

Bekhterev crée en 1908 l'Institut de psychoneurologie (avec les facultés de pédagogie, de droit et de médecine). En 1918, il fonde l'Institut de recherche sur le cerveau et l'activité mentale dans lequel la star de la Sociologie américaine du XXe siècle Pitrim Sorokin aura l'occasion de travailler, en intégrant le laboratoire de Réflexologie collective. Fondées par Bekhterev, les institutions de recherches et les écoles de psychiatrie et de psychologie ont continué de fonctionner après sa mort soudaine en 1927. Des centaines de disciples, dont 70 professeurs, ont poursuivi ses activités.

Au total, 50 institutions et 12 journaux psychiatriques et psychologiques ont été fondés à son initiative et avec sa participation

Le champ de ses recherches scientifiques est extrêmement large. Il comprend les domaines de neuromorphologie, neurologie, psychiatrie, psychologie, psychologie développementale, psychologie du travail, psychopathologie, sociologie, supplémentés par l'hypnose, l'hypnothérapie et la psychothérapie. Cependant, son travail scientifique comporte une unité systémique « polyphonique ». En effet, elle est construite sur l'implémentation des idées clés d'I.M. Sechenov à propos de la nature réflexe de l'activité mentale. Bekhterev, dans ses recherches, est passé de manière consistante de l'étude des chemins du cerveau, le substrat de l'activité réflexe, à la construction de la réflexologie associative dans le cadre de la psychologie objective (personnologie et réflexologie), avec une transition vers la construction de la réflexologie collective (sociologie).

Bekhterev – de la même manière que Pavlov et les comportementalistes occidentaux – a essayé d'exclure le facteur de subjectivité des études du psychique, mais, engagé dans des activités médicales et psychothérapeutiques, il est irrémédiablement attiré par la subjectivité psychologique. L'hypnose, l'hypnothérapie et la psychothérapie sont incluses dans les systèmes réflexologiques de Bekhterev de l'activité mentale

© Karl Bulla

comme des éléments systémiques naturels, renforçant et révélant les modèles de réflexologies individuels et collectifs.

Deux grands scientifiques

I. P. Pavlov et V. M. Bekhterev, contemporains et résidents de Saint-Pétersbourg, collègues dans la même académie militaire impériale de médecine, devinrent des rivaux irréconciliables : Pavlov considérait sa théorie comme physiologique, Bekhterev comme psychologique. Leurs travaux ont mené à la formation de la base du développement du comportementalisme.

Bekhterev était bien informé sur l'hypnose européenne de son époque, ainsi que de la suggestion et l'hypnothérapie, y compris celle de J-M Charcot. Après avoir fait ses études médicales, il s'est entraîné en France et en Allemagne.

L'analyse chronologique des publications scientifiques de Bekhterev permet de considérer ses études sur l'hypnose et l'hypnothérapie comme une étape importante dans son évolution scientifique : partant de la neuromorphologie, la psychiatrie et la neurologie à travers l'hypnose et la suggestion puis allant vers la psychologie objective (réflexologie) et la sociologie (réflexologie collective). Les domaines de recherche sur l'hypnose et l'hypnothérapie incluaient : la nature de l'hypnose, la physiologie expérimentale de l'hypnose et de la suggestion hypnotique, la psychologie expérimentale de la suggestion hypnotique, et les phénomènes généraux de la suggestibilité, ainsi que les formes sociales et les mécanismes de suggestibilité. À côté des écoles scientifiques de psychiatrie, narcologie, psychologie et de sociologie, Bekhterev créa une école scientifique d'hypnologie, hypnothérapie et de psychothérapie, l'importance de laquelle commença à être réalisée en Russie, après une période d'oubli entre les années 1950 et 1980. Ses employés et ses disciples ont laissé une marque notable dans la psychothérapie, l'hypnologie et l'hypnothérapie russe : A. Lazursky, V. Narbut, V. Sreznevsky, V. Myasishchev, K. Platonov, I. Velvovsky et d'autres. Cependant, après la mort de Bekhterev, et pendant des dizaines d'années, aucun n'a été identifié comme son disciple.

L'approche méthodologique de Bekhterev à la compréhension, la recherche, l'application des suggestions, l'autosuggestion, l'hypnose et l'hypnothérapie devrait être définie comme comportementale-psychothérapeutique (1910). En tant que psychothérapeute, il était intéressé à comment il est possible d'influencer le patient de manière thérapeutique en corrélation avec la pratique thérapeutique avec des groupes comportementaux et l'influence de masse.

Bekhterev a identifié deux manières principales pour une personne d'en influencer une autre : la suggestion et la persuasion. Dans la sphère psychique, il définit le « Moi » (conscient personnel basé sur l'attention délibérée) et la conscience générale (l'analogue de l'inconscient, basé sur l'attention involontaire). En état normal, le « Moi », qui possède l'attention délibérée, introduit des informations dans la sphère de la « conscience personnelle », qui est perçue de manière critique. Tandis que l'idée suggestive entre directement dans la « conscience générale », elle passe outre la conscience personnelle, car la volonté (du « Moi ») est paralysée par l'effet de l'hypnose et de la suggestion. Le sujet actualise alors la réponse automatique, étant incapable de concentrer son attention délibérée sur la suggestion. La persuasion est construite *via* l'impact sur le sujet, avec la participation active de sa conscience personnelle.

« Bekhterev a identifié deux manières principales pour une personne d'en influencer une autre : la suggestion et la persuasion »

À la fin du XIXe siècle, Bekhterev est arrivé à la compréhension de l'état d'hypnose comme étant analogue chez les humains comme chez les animaux. En effet, l'hypnose chez les animaux est un état de stupeur. Il représente, selon les physiologistes russes Danilevsky et Bekhterev, un réflexe inhibiteur protecteur face aux dangers, un prototype de l'état hypnotique de l'homme. L'hypnose humaine est basée sur la reproduction artificielle d'un état naturel de réflexe animal inhibiteur de protection. Par conséquent, l'hypnose n'est ni un état nerveux morbide, ni un sommeil suggéré, mais un état de réflexe biologique inhibiteur spécial, commun aux animaux et à l'homme.

Selon Bekhterev, les suggestions fonctionnent mieux en état hypnotique grâce à l'émergence d'un état spécial de conscience. L'étude des épidémies mentales, comparée avec la pratique psychothérapeutique, permet au scientifique de formuler une conclusion sur l'augmentation de la suggestibilité personnelle dans un groupe selon les mécanismes de suggestions mutuelles. La combinaison d'un format de groupe en hypnose devrait donc accroître davantage les effets suggestifs de la psychothérapie.

Dans les années 1880-1890, il a commencé à utiliser avec succès l'hypnothérapie dans les traitements de troubles obsessionnels compulsifs puis dans les traitements de l'alcoolisme

Bekhterev n'était pas seulement un grand chercheur, expérimentateur et théoricien : il était aussi un praticien méthodique de la psychothérapie et de l'hypnothérapie. Il ne s'est pas limité à la tradition de l'hypnothérapie européenne sur les désordres hystériques. Dans les années 1880-1890, il a commencé à utiliser avec succès l'hypnothérapie dans les traitements de troubles obsessionnels compulsifs puis dans les traitements de l'alcoolisme.

Par la suite, des recherches et des applications psychothérapeutiques de suggestions, d'autosuggestions, de persuasions, d'hypnose, de recherches de phénomènes mentaux de masse et d'épidémies mentales ont été utilisées par Bekhterev au début du XXe siècle pour créer une méthode de psychothérapie collective. Cette méthode s'est appelée, cinquante ans plus tard, « la Triade psychothérapeutique de Bekhterev ». Sa méthode de psychothérapie collective pour l'alcoolisme incluait la persuasion, l'hypnothérapie et l'autosuggestion (autoaffirmation). La psychothérapie de groupe comprenait plusieurs sessions hebdomadaires en groupes de 50 à 100 patients.

Chaque session commençait par un cours psychoéducatif en groupe qui abordait les questions de risques de santé et de motivation pour arrêter de boire. Après ce cours, Bekhterev hypnotisait tous les participants puis il induisait et maintenait la catalepsie d'une main levée : les sentiments et les comportements négatifs envers l'alcool[1], le besoin d'une vie sobre leur était suggéré par la suite. Après cette séance d'hypnose, des instructions étaient données afin de réaliser des autosuggestions pour une vie sobre avant de se coucher et au réveil. Cette méthode stimulait les développements subséquents aux méthodes de psychothérapies de groupe, incluant la méthode bien connue en France de la psychoprophylaxie de soulagement de la douleur par I.Z. Velvosky (Velvovsky, 1954).

Trois ans après sa mort soudaine, en 1927, qui a donné lieu à une

1. C'est peut-être une sur-traduction mais sinon je ne comprends pas ce qu'il veut dire/faire.

cérémonie officielle, les théories psychologiques de V.M. Bekhterev ont été soumises à de vives critiques idéologiques et consignées à l'oubli. Plus tard, ses proches ont été réprimés. Les résultats de ses recherches en médecine ont continué d'être utilisés à un certain degré alors que toutes les recherches et les pratiques de l'hypnothérapie ont commencé à se reposer de manière rituelle sur la réflexologie pavlovienne (Platonov, 1957).

La lente renaissance de son héritage pratique et scientifique en Russie, à travers les efforts de ses collègues et étudiants a commencé au milieu des années 1950 et continue encore aujourd'hui plus de soixante ans plus tard, ramenant ainsi à la connaissance l'éventail et l'importance de Bekhterev en médecine, en psychologie, en sociologie et bien entendu en hypnologie, hypnothérapie et psychothérapie.

Bibliographie

Bekhterev V.M. (1888) (Rus) Soznaniye i yego granitsy. [Consciousness and its limits]. Kazan; 1888.

Bekhterev V.M. (Rus) Osnovy ucheniya o funktsiyakh mozga. Vyp. 1-7. [Fundamentals of the doctrine of the functions of the brain. Issue. 1–7.] SPb, 1903–1907.

Bechterev V. La psychologie objective. L'harmattan; 2007.

Platonov K. I. (Rus) Slovo kak fiziologicheskiy i lechebnyy faktor (Voprosy teorii i praktiki psikhoterapii na osnove ucheniya I. P. Pavlova) [The word as a physiological and therapeutic factor (Questions of the theory and practice of psychotherapy based on the teachings of IP Pavlov)] M., 1957; 432 s.

Velovsky I. Z, Platonov K.I, Ploticher V.A, Shugom E. A. (Rus) Psikhoprofilaktika boley v rodakh. [Psychoprophylaxis of labor pains]. Medgiz; 1954.

Le Cerveau sous hypnose : libérez votre intelligence et votre imagination

Notre imagination est-elle notre plus grand pouvoir ?

Fanny Nusbaum

Fanny Nusbaum interviewée par Antoine Bioy

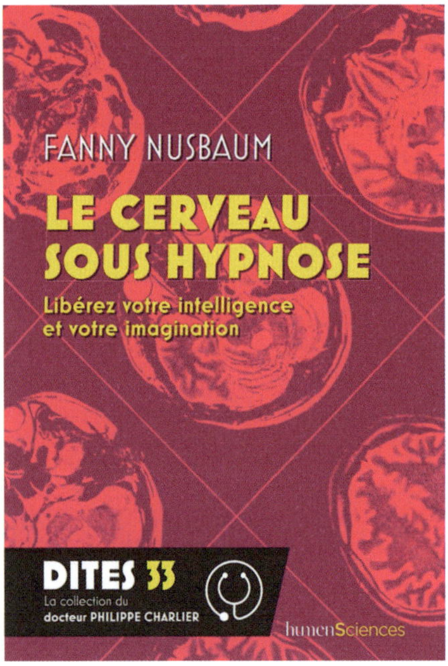

J'ai beaucoup apprécié la lecture de votre ouvrage, qui répond aux questions que beaucoup de monde se pose sur l'hypnose en s'appuyant à la fois sur la science, mais aussi en proposant des citations littéraires, des petites touches de « pop culture » et aussi une écriture assez personnelle. Ma première question sera donc : je pense comprendre de cette construction que l'hypnose est à la fois connectée à la science (fondamentale et pratique) mais aussi possède une part plus personnelle, et même philosophique, pour vous ?
En effet, je crois qu'une fois qu'on a compris que l'hypnose repose entièrement sur l'imagination – c'est-à-dire

que le comportement et la façon de penser de quelqu'un peuvent se voir totalement modifiés par des mots qui lui ont fait imaginer son identité, son histoire ou ses ressentis autrement, et que sa réalité s'en est trouvée entièrement modifiée –, alors on ne peut plus la percevoir comme une simple méthode de bien-être qui nourrit (ce n'est pas péjoratif) les cabinets cliniques et la science.

Ce que nous dit l'hypnose, c'est que notre imagination est notre plus grand pouvoir et que rendre nos pensées conformes à ce que nous voulons être devrait être le travail le plus important de notre quotidien. On ne peut pas, d'un côté, observer les effets significatifs de l'hypnose et de l'autre, se dire « Je suis quelqu'un de trop sensible et fragile. C'est pas de ma faute, chui né comme ça ». L'hypnose est une raconteuse d'histoires et ça fonctionne à merveille ! À moi de me raconter les bonnes histoires, chaque jour, chaque instant, même, pour être au plus proche de moi-même de mes projections. En ça, l'hypnose devient une philosophie. On pourrait dire une philosophie stoïcienne existentialiste. Qui te dit pourquoi et comment te gouverner toi-même et construire ta vie par ton imagination.

Pour vous proposer un focus sur un point que vous abordez, pouvez-vous nous dire quelques mots de la façon dont se coordonne l'hypnose avec l'intelligence ?

Dans un ouvrage précédent, j'ai proposé de voir l'intelligence différemment de ce qu'on y voit aujourd'hui. Aujourd'hui, on voit l'intelligence comme le simple fait de raisonner. Quelqu'un qui est dit « intelligent », c'est celui qui raisonne mieux que les autres, en somme. Or, dans notre inconscient collectif, quand nous pensons à quelque chose d'intelligent qui se produit, nous pensons à la nature qui reprend ses droits sur une terre dévastée, nous pensons à quelqu'un qui est parvenu instinctivement à se sortir d'une situation difficile ou encore au sportif qui a senti qu'il fallait attaquer à ce moment précis du match et qui a marqué un point de folie. Tout ça, c'est de l'intelligence et rien de ça n'a à voir avec le gars à lunettes qui sait raisonner mieux que personne.

D'ailleurs, ce gars à lunettes parvient rarement à atteindre ces moments magiques que nous considérons tous, spontanément, comme des moments d'une intelligence rare. Pourquoi ? Parce que l'intelligence est un état. Un état qui révèle les capacités du vivant. Peu importe les capacités dont on dispose, des plus banales aux plus exceptionnelles, on est en état d'intelligence quand ces capacités se révèlent au monde. Quand elles s'accordent avec le monde. L'intelligence est donc cet état où nous sommes en synchronisation avec le monde. Or, le fameux gars à lunettes se complaît souvent trop dans le raisonnement, donc entre lui-même et lui-même, pour être synchro avec ce qui l'entoure. Alors que, vous l'avez compris, pour se trouver dans son état d'intelligence le plus souvent possible, il faut adopter un état d'esprit bien particulier. Il faut que l'histoire qu'on se raconte nous

permette d'être en phase avec le monde. L'hypnose, comme une philosophie, n'a pas son pareil pour cela. Visualiser ses objectifs atteints à différentes étapes ; se visualiser, se sentir monter en puissance avec ses capacités propres ; se visualiser, se sentir vibrer au même rythme que le monde... et même le devancer d'un ou deux temps... Voilà l'intelligence.

Autre focus, j'ai beaucoup aimé votre titre : « le choix de l'optimisme », qui fait aussi le lien avec Émile Coué. Pouvez-vous nous en dire quelques mots ?

La philosophie de l'hypnose nous enjoint de penser, quelle que soit la difficulté d'une situation, que nous possédons les ressources internes pour nous en sortir. C'est le choix de l'optimisme. Utiliser son imagination pour mobiliser ses ressources et se sentir plus en puissance et en contrôle. Il ne s'agit pas de se dire naïvement que tout va bien se passer et d'attendre qu'un miracle se produise, mais de se sentir confiant dans le fait que, quoi qu'il se passe de négatif, l'histoire se finira au mieux pour soi. Cette configuration mentale met automatiquement l'individu dans des dispositions physiologiques et comportementales les plus favorables possibles. Pour ce qui est de la méthode Coué, celle-ci consiste dans la répétition de phrases « mantras » qui deviennent comme un rituel, comme une hygiène de pensée. L'idée, là, c'est de créer en soi des pensées automatiques qui servent de « prêt à agir » dans toutes les situations du quotidien. Évidemment, il faut croire dans ces mantras pour qu'ils soient efficaces. On ne peut pas, par exemple, se répéter plusieurs fois par jour « Je suis fort et puissant » si l'on n'y croit pas une seconde. Cela créerait un conflit cognitif qui pourrait se révéler contre-productif. Or, croire dans ses visualisations, comme dans ses mantras, est un travail de chaque instant. Il faut choisir ses images mentales et les rendre suffisamment réalistes pour soi, afin qu'elles convainquent le cerveau du changement.

Vous semblez refuser le lien entre les « paradis artificiels » et l'hypnose. Est-ce que pour autant vous pourriez les situer dans la même famille des états de conscience modifiés ?

Oui, tout à fait. Ce sont des états de conscience modifiés, mais pas les mêmes qu'en hypnose. Avec les paradis artificiels, on se trouve en état de libérer d'un bloc des émotions et des sensations, mais pas particulièrement de créer. On n'est pas en état d'intelligence avec les paradis artificiels, pas en phase avec son écosystème. Les paradis artificiels nous aident à la décharge d'énergie, là où l'hypnose nous place en connexion avec notre environnement et donc, en état d'intelligence.

« L'hypnose me rend libre », écrivez-vous. Ma dernière question portera là-dessus. Est-ce que pour vous l'hypnose pourrait avoir cette vertu de rendre contagieuse la liberté entre les personnes ?

Absolument. Dans les liens interindividuels, rien d'autre n'existe que de l'imaginaire. Nous nous sentons attachés, obligés ou soumis seulement par la force (néfaste, ici) de notre imaginaire. C'est une autohypnose négative, ou plus précisément, il s'agit plutôt *du négatif de l'hypnose,* comme avec une pellicule photographique. Une hypnose qui a des effets négatifs. Avec une suggestion qui va dans le sens de la douleur. Ça me semble un peu différent d'une mauvaise transe où le sujet vit un inconfort durant sa transe malgré des suggestions en sa faveur. Donc, bien sûr, le meilleur remède pour reconquérir sa liberté, c'est une autohypnose positive. L'art subtil de l'hypnose consiste à ce que l'individu se sente à la fois ultra-connecté au monde qui l'entoure, en phase, en bonne intelligence avec son environnement, et à la fois ultra-libre et indépendant dans son approche du monde, des autres, de ce qu'il peut ou ne peut pas faire. Je pense que l'intérêt de l'hypnose n'est pas dans une connexion à soi-même dans le sens béat qu'on lui donne actuellement « Partir à la découverte de soi-même »... Comme si l'on était extérieur à soi et que la lumière au bout du tunnel, c'était ce MOI. J'ai plutôt une vision constructiviste des bienfaits de l'hypnose : elle nous permet de nous construire à l'image de ce que nous voulons être. En ça, c'est une philosophie de la liberté. Virale ou non, l'avenir nous le dira !

C'est quoi l'hypnose? Un dialogue inutile qui ne permet pas d'expliquer ce qui est inexplicable

L'hypnose qui ne préjuge de rien !

Isabelle Federspiel

Mlle Betty, une trentenaire qui consulte « parce que j'ai tout pour être heureuse, mais que je ne le suis pas », termine sa première consultation de *psychothérapie avec hypnose* chez le docteur Jean.
Après la séance d'hypnose formelle, la patiente questionne son praticien :

Betty : Docteur Jean, je ne comprends pas. Je ne crois pas que j'étais en hypnose pendant cette séance d'hypnose. J'ai pourtant suivi à la lettre tout ce que vous m'aviez demandé de faire. Est-ce que c'est normal ?
Jean : Peut-être qu'une partie de vous n'a pas encore bien compris ce qu'est l'hypnose.
B : Vous croyez donc qu'il est possible qu'une partie de moi ait compris ce que c'est, l'hypnose ?
J : Il semblerait en tout cas que vous ayez déjà bien compris le principe de suggestion... Oui, la suggestion, ce qui est implicite...
B : Vous voulez dire que l'hypnose c'est comprendre ce qui n'est pas dit ? Je croyais que l'hypnose était une sorte de sommeil. Une... transe ?
J : Oui parfois ! Et aussi, on peut faire de l'hypnose sans transe. Ou de l'hypnose sans hypnose.

B : L'hypnose sans hypnose ? Ça ressemble au lait sans lactose votre affaire... Comme les bonbons sans sucre... Ou pire, la bière sans alcool ! Et bien pire encore : un cornet de frites, sans frites.
J : Voilà, on y est ! Avec les métaphores que vous venez de me faire, on est à 100 % dans l'hypnose.
B : Est-ce que vous voulez me dire que faire de l'hypnose c'est juste aller dans le monde imagé du patient ? Son imaginaire ?
J : Ne croyez-vous pas que la représentation d'un concept est plus proche de la perception d'un sujet pour le concept que l'énoncé qu'il en fait ?
B : Je ne sais pas. Peut-être que...
J : Eh bien voilà. C'est ça l'hypnose. Quand on commence une phrase par « je ne sais pas », ou bien par « peut-être », et qu'on répond par « ah bon » ?
B : Ah bon ?
J : Voilà c'est ça ! Bravo ! ! L'hypnose c'est aussi quand une jambe se balance d'avant en arrière dans un mouvement automatique ou que la tête fait oui en se secouant sans que l'on en ait conscience. On ne se rend pas compte que le corps travaille.
B : Il s'agit donc de ne pas avoir conscience que l'on fait de l'hypnose, pour en faire ?
J : C'est ça. L'hypnose, c'est quand on ne se rend pas compte qu'on n'est plus vraiment concentré sur ce qui se passe autour, et focalisé sur ce qui se passe « au-dedans ». La notion de réalité n'importe plus tout à fait en hypnose. Songez-y. Quand vous surveillez les légumes qui cuisent dans la casserole, ils cuisent trop lentement. Et quand vous allez jouer du piano en attendant, ils cuisent trop rapidement ! Et voilà, c'est ça l'hypnose, elle s'accompagne d'un certain degré de distorsion de la réalité !

> « Mlle Betty est une trentenaire qui consulte parce qu'elle a tout pour être heureuse mais qu'elle ne l'est pas, selon ses propres mots... »

B : Ah ! Là je vois mieux ce que vous voulez dire. Quand je joue bien au tennis, le temps se ralentit et je perçois mes mouvements de manière décomposée, comme si le temps s'arrêtait. Ça aussi c'est de l'hypnose ?
J : Je dirais que ça, c'est le *flow*. Il y a certains aspects communs et certains aspects qui diffèrent de l'hypnose.
Le docteur Jean est satisfait. Il est bien assis au fond de son fauteuil rouge, les jambes croisées, un sourire énigmatique sur ses lèvres. Sa tête dodeline régulièrement. Son pied se balance. La jeune femme est interrogative. Elle ouvre ses deux yeux en ronds immobiles et recule de quelques centimètres. Sa bouche reste à demi ouverte. Elle se fige.
Le docteur Jean reprend :
J : Pour faire de l'hypnose, c'est au thérapeute d'utiliser un langage, des techniques, de formaliser un cadre, pour induire, faciliter puis approfondir

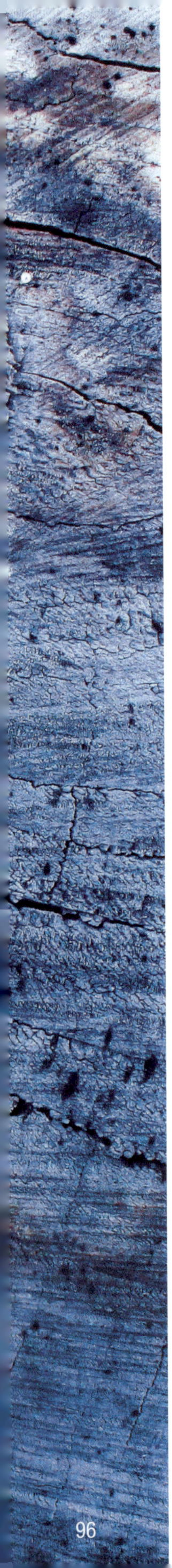

et accompagner son patient. Voyez-vous mademoiselle, il y a pour le praticien une rhétorique hypnotique à apprendre. Quand vous dites « ne plus se concentrer sur ce qui se passe », en hypnose, ça signifie « se concentrer sur ce qui se passe ». Les négations disparaissent. Les expressions : « vous comprenez », « vous ne comprenez pas », « je ne sais pas si vous avez commencé à comprendre », dont la première est affirmative, la seconde négative et la troisième, très éricksonienne, contiennent toutes trois l'idée de comprendre. Elles sont toutes de nature à évoquer pour l'interlocuteur des représentations de ce que signifie pour lui le verbe comprendre.

B : Et donc, là, je suis censée vous comprendre parfaitement bien, c'est cela ? Mais...

J : D'ailleurs, les « mais » n'existent pas dans notre vocabulaire. Nous les remplaçons par des « Et aussi ». Les « si » n'existent pas non plus. On dit plutôt « quand »...

B : Mais... si vous n'êtes pas d'accord comment faites-vous pour le dire ?

J : Eh bien, et quand deux choses s'opposent, eh bien, on est toujours d'accord avec les deux choses qui s'opposent. D'ailleurs, être toujours d'accord avec ce que certains appellent la résistance du patient, ça s'appelle « l'utilisation ».

B : Donc... « Si » je comprends bien... [elle hésite et se reprend]; donc... « quand » je comprends bien ce que vous me dites, en hypnose, on dit le contraire de ce que l'on veut dire, pour « perdre » la personne avec qui l'on parle. Mais si on commence à... Pardon. Et même quand on perd la personne avec qui l'on parle, on continue d'être d'accord avec ce qu'elle dit. C'est cela ?

J : [après quelques instants de circonspection] Quand vous vous arrêtez et que vous reprenez, vous me rendez confus. Donc, nous avançons.

B : J'essaie juste de comprendre ce que c'est l'hypnose !

J : Vous savez mademoiselle, en hypnose, on n'essaie pas. L'hypnose est expérientielle. On agit, on fait.

B : L'hypnose c'est agir, c'est faire ?

J : Exactement. Et parfois agir, c'est simplement prendre sa place dans le fauteuil, sa juste place.

B : OK... Ça, c'est clair au moins. C'est comme la méditation alors ? Juste s'asseoir ?

J : Pas tout à fait ou à peine. La méditation est une ouverture au monde sans intention préalable.

B : L'hypnose serait alors le contraire, une fermeture au monde ? C'est s'isoler du monde extérieur ?

J : En quelque sorte. Mais pas seulement. C'est aussi et surtout une ouverture au champ des possibles inconscients.

B : Je ne comprends pas. Je croyais qu'il ne fallait pas dire « mais » ? Et puis... C'est une ouverture ou une fermeture ?

J : Les deux à la fois ! Imaginons, comme dans un paradoxe, que tout et son contraire soient possibles... Et que la fermeture permette une ouverture...

Vous voyez, toujours plus de la même chose, donne la même chose. (*A contrario* ou de même, ces deux expressions disent somme toute la même chose). Toujours plus du contraire de la même chose, c'est

la même chose, alors... ouverture, fermeture... autant parler de perceptude... et prendre ce qui vient, ce qu'on observe, que ce soit réel ou non.
B : J'ai l'impression que l'hypnose c'est un monde dans lequel vous utilisez les représentations de vos patients pour leur laisser croire que vous comprenez ce qu'ils racontent, alors que vous savez qu'ils sont perdus... Et plus vous les savez perdus, plus vous devenez le seul capable de les retrouver... Et c'est comme ça que vous les sauvez de leur problème ?
J : L'hypnose est une drôle de relation, on peut dire ça comme ça... Le soignant ne fait rien d'autre que créer un cadre dans lequel le patient trouve des possibilités de redevenir acteur de sa « réalité », d'en observer des aspects inhabituels, depuis des points de vue nouveaux. De renouer avec des sensations plaisantes et des ressources utiles ; et d'en faire l'expérience immédiate et très privée.
B : J'ai l'impression que tout est de l'hypnose. L'imaginaire... Jouer du piano ou du tennis... Agir, prendre sa place dans le fauteuil... Ne rien faire... Savoir et douter, en même temps.
Au final, ce que j'ai compris, c'est que vous ne savez pas ce que c'est exactement l'hypnose, docteur !
Le docteur Jean semble revenir d'une transe lointaine. Il sourit, décroise ses jambes et se penche vers sa patiente. Il répond sur un ton enthousiaste :
J : Et je suis même d'accord pour que vous le croyiez ! Bon. Revenons à l'essentiel. Observons maintenant ce qu'elle en pense de ce « *Je ne le suis pas et j'ai tout pour être heureuse* », cette partie de vous qui vient de comprendre ?

FIN

© Laurent Folco

2E COLLOQUE DE

LA REVUE DE L'HYPNOSE ET DE LA SANTÉ

HYPNOSE EN URGENCES

samedi 11 mars 2023

Avec la participation exceptionnelle de Gérard Fitoussi, invité d'honneur du Colloque

LA REVUE DE *l'hypnose* ET DE *la santé*

DUNOD

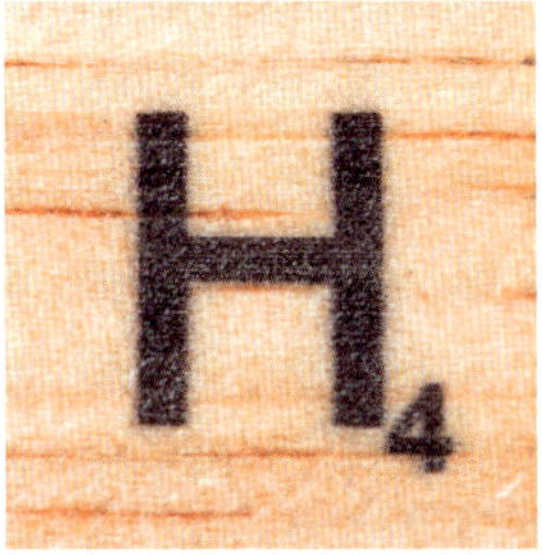

H/bécédaire
Humour

L'humour en Terre Happy et la thérapie par l'humour...

L'humour du jour dépend de son humeur.
À moins que ça ne soit l'inverse ?

Gérard Ostermann

L'humour est à la thérapie ce que les signes de notation sont à la partition d'orchestre : une indication à interpréter dans un ensemble. « Rien ne s'oppose à ce qu'une démarche thérapeutique soit étonnante, bousculante, qu'il y soit introduit de la légèreté, du rire, de la surprise et de l'humour[1]. »

Faut-il définir l'humour, et l'humour d'ailleurs se laisse-t-il définir ?

Si l'on en parle, si on cherche à l'analyser, on risque de l'opprimer voire de le supprimer. Car il reste, comme l'indique son étymologie, avant tout une humeur. Et on peut se demander si cette humeur n'est pas plutôt mauvaise que bonne. *L'humour, c'est ce qui évite à la lucidité de sombrer dans l'amertume*[2] ou encore : *L'humour* est *au mal de vivre ce que la rampe est à l'escalier* ou encore : *L'humour, c'est comme les essuie-glaces, ça n'arrête pas la pluie, mais ça permet d'avancer*. L'humour véritable n'est-il pas le subtil alliage entre **hu**milité et a***mour*** ? On est parfois bien loin des amuseurs d'aujourd'hui, dont le prétendu humour est plutôt coloscopique, avec leur tropisme du fion.

1. Goldbeter-Merinfeld E. L'humour et la surprise en psychothérapie. *Cahiers critiques de thérapie familiale et de pratiques de réseaux, 39* : 5-8. 2007.
2. Lacroix G. *Les Euphorismes de Grégoire.* Paris : Max Milo, 2006, p. 125.

L'humour se distingue de l'ironie par la réflexivité ou l'universalité. L'ironiste rit des autres. L'humoriste, de soi ou de tout. Il s'inclut dans le rire qu'il suscite. C'est pourquoi il nous fait du bien, en mettant l'ego à distance. L'ironie provoquerait le rire, alors que l'humour n'enclencherait que le sourire. Il ne faut pas toutefois être trop sévère avec l'ironie, surtout quand elle est d'essence socratique, aiguë et bienveillante, qu'elle est l'art d'interroger et de mettre en doute nos certitudes. L'ironie socratique consiste à dire ce qui n'est pas comme si cela était. Elle est, comme le souligne François L'Yvonnet[3] une arme redoutable contre le dogmatisme et une véritable mise à nu des argumentations et des intentions. L'humour est exactement l'inverse : dire ce qui est comme si cela n'était pas. Il tonifie et anime plus d'un texte philosophique.

La Fontaine dans ses *Fables*, Molière dans ses comédies ou Voltaire dans ses contes philosophiques ont choisi des registres plaisants pour traiter des questions fondamentales de la condition humaine : la vie, la mort, l'ignorance de son destin ou des faits de société comme le pouvoir, la guerre, le malheur, la religion, et mieux mener leur réflexion, argumenter et « instruire ».

L'humour dédramatise la souffrance et libère l'homme

L'humour noir est une forme d'humour qui souligne avec cruauté, amertume et parfois désespoir, l'absurdité du monde face à laquelle, il constitue parfois une forme de défense.

J'ai dit à mon psy que j'avais
des idées suicidaires.
Il m'a répondu que,
dorénavant il faudrait que je règle
mes séances d'avance.

Peut-on, pour finir par le commencement, donner une définition satisfaisante de l'humour noir ? Cette notion n'échappe pas au flou sémantique qui menace la catégorie d'humour en général, et bien souvent, on emploie les termes *humour noir* pour signifier la *dark comedy* des Anglo-Saxons. Ainsi seulement peut-on parler véritablement d'humour, l'ajout de l'adjectif « noir » ne fait qu'infléchir la thématique et affiner la dimension psychologique, mais ne change rien à l'essentiel.

« L'humour, disaient Oscar Wilde puis Boris Vian, est la politesse du désespoir. » C'est qu'il évite d'en incommoder les autres. Puisqu'il est impossible d'atteindre l'idéal, il ne reste plus qu'à saisir la perruque de la cantatrice chauve. Il y a une sorte de mécanisme dépressif qui sous-tend l'humour noir; il en est à la fois la manifestation est le remède. Remède fragile et témoignage d'un échec. Freud (1905), lorsqu'il veut distinguer l'humour de l'esprit et du comique, raconte une histoire de condamnés à mort à titre d'illustration, cette histoire connue de tous : un condamné à mort se rend à son exécution et il s'aperçoit au moment de sortir qu'il pleut, il déclare alors : « Décidément, voilà une semaine qui commence mal. »

3. L'Yvonnet F., (2012) *Homo comicus ou l'intégrisme de la rigolade*. Paris, Fayard/Mille et une nuits, coll. « Essais ».

Les processus psychologiques impliqués dans la perception de l'humour

Il existe plusieurs théories :

- **La théorie de la décharge de tensions :** l'humour provoquerait une décharge rapide de tension psychique, accompagnée d'une sensation de soulagement chez l'individu ; *ie* abréaction ou catharsis… en hypnose
- **La théorie de la supériorité :** l'humour procure ainsi une valorisation narcissique à la personne moqueuse, cette dernière ressentant un certain plaisir à se placer en position de supériorité ; un triomphe de l'ego de Freud : une technique de l'hypnose négative à utiliser avec circonspection…
- **La théorie de la résolution de l'incongruité :** un jeu intellectuel où l'esprit humain s'amuse à débusquer ce qui cloche dans la juxtaposition de deux idées jugées initialement incongrues. L'incongruité est produite lorsqu'un individu agit de façon inverse à la norme : inviter le patient à décrire cet événement – et le rire (le sien et celui du praticien complice) devient la résolution de l'incongruité produite.

On pourrait proposer des éléments de « typologie » de l'humour.

L'autodérision du praticien

Exemple : le médecin dit au patient : « Je ne supporterais pas d'entrer dans un hôpital qui m'accepterait comme médecin ». Ou bien : se retourner en disant au patient « J'ai oublié de remettre mon masque et apposer un nez de clown : cela me protégera bien mieux puisque le virus ne peut pénétrer par mon nez… »

Grossir démesurément la proportion des choses

Le praticien au patient : « Lorsque vous aurez réussi à faire seul cet exercice chez vous, vous pourrez vous adresser, mais de façon strictement anonyme, un courriel de félicitation. »

Le jeu de mots

Exemple : « Comment ça vous n'avez pas les moyens de vous loger ? »… « Vous savez pour construire même très une belle maison, il suffit de trois briques. » Le praticien au patient alcoolo dépendant : « Si ne vous buvez que la moitié d'un demi, il vous en reste encore une moitié. » Parfois c'est le patient qui est dans l'autodérision provoquant un humour partagé avec le thérapeute : « Vous savez docteur, lever le coude est encore la seule façon de ne pas baisser les bras ! »

Comique de situation

Le praticien au patient : « Hier je disais à mon fils qui mettait les doigts dans son nez "Tu veux que je t'aide ? !", "Oui, papa" m'a-t-il répondu ! »

Diogène le cynique qui, voyant que personne ne daignait lui faire l'aumône, ne pratiquait pas la plainte, mais au contraire interpellait vertement les gens : À un avare qui lui promettait tous les jours de lui donner quelque chose le lendemain : « Hé, mon ami, c'est pour ma nourriture que je veux ton argent, pas pour ma sépulture!» À un autre, chauve, qui l'injurie : «Je félicite tes cheveux d'avoir abandonné ta sale tête!» Au fils d'une prostituée qui lui lance une pierre : «Attention, mon gars, tu pourrais toucher ton père!»

L'hypnose thérapeutique induite a pour objectif d'obtenir des changements bénéfiques chez le patient. Elle peut induire des améliorations émotionnelles, cognitives et comportementales grâce à la «complicité ludique» lors du colloque singulier. Mais les effets de l'humour en hypnose apportent leur lot de bénéfices (régulation affective, aide au travail cognitif et à l'alliance thérapeutique, diversion pour soulager le thérapeute de son propre inconfort) et d'écueils (possibilité d'évitement émotionnel, gratification narcissique du praticien). Dostoïevski «*pouvait bien mieux comprendre la personnalité d'une personne en écoutant attentivement son rire qu'en la soumettant à une analyse psychologique ennuyeuse*».

Une arme iatrogénique à double tranchant

Un trait d'humour a pu dénouer une impasse avec un patient[4] tandis que chez un autre patient, un mésusage de l'humour a eu des conséquences péjoratives[5].

L'humour est d'autant plus efficace qu'il est entretenu...

Invitez vos patients à écouter des comédies ou des podcasts humoristiques sur leur trajet plutôt que des informations qui tournent en boucle. Chaque jour, demandez-leur de noter trois choses qui se sont produites et qu'ils ont trouvées, amusantes ou humoristiques. Invitez-les à jouer au jeu de «ce que j'aurais pu dire» : autant d'éléments pour construire un script au moment de la prochaine séance... Dans la salle d'attente ajouter du matériel de lecture humoristique ou même placer des panneaux amusants sur les murs. Dans son bureau afficher une photo amusante de l'animal de compagnie ou des enfants pourrait engager la conversation de la part du patient.

Ainsi, diverses formes d'humour peuvent être utilisées dans le contexte du magnétisme animal : l'autodérision, l'exagération, le jeu de mots, le comique de répétition, l'ironie, la métaphore... et en matière de douleur nous pourrions même suggérer au patient le conseil de Charlie Chaplin «*pour vraiment rire, vous devez être capable de prendre votre douleur et de jouer avec elle*». Laissons cependant au patient la latitude pour initier l'échange humoristique, comme nous lui accorderions le choix de ses métaphores pour construire des ressemblances comiques entre les caractéristiques de son problème et un substitut analogique (image, objet, situation, etc), afin d'amorcer et de produire des changements. Et ne pas manquer de lui adresser un sourire ou un rire encourageant : un «*signaling*» en quelque sorte!

4. Valentine L. et Gabbard, G. (2014). Can the use of humor in psychotherapy be taught? *Academic Psychiatry*, *38*, 75-81.

5. Kubie L. S. (1971). The destructive potential of humor in psychotherapy. *The American Journal of Psychiatry*, 127, 861-866.

COLLECTION

Les Ateliers du Praticien

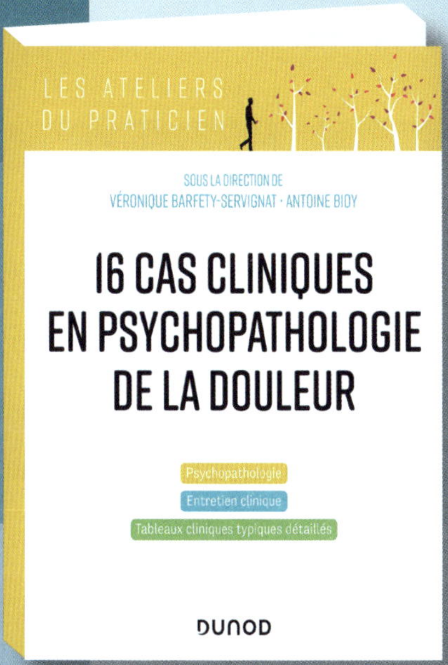

16 CAS CLINIQUES EN PSYCHOPATHOLOGIE DE LA DOULEUR

Véronique Barfety-Servignat et Antoine Bioy

La douleur est une expérience commune. Pour certaines personnes, elle est plus que cela. En devenant chronique, elle déroute une vie, une identité et les relations aux autres. Elle peut être isolée (lombalgie, fibromyalgie, migraine…) ou partie intégrante d'un tableau plus vaste (endométriose, cancer, pathologies rhumatismales…). Dans tous les cas, aucun intervenant dans le champ de la santé ne peut rester sourd à cette lame de fond qui travaille à désorganiser la vie psychique, somatique, relationnelle, existentielle d'une personne.

Cet ouvrage se destine aux professionnels qui souhaitent mieux comprendre les implications psychopathologiques de la douleur et comment un patient avec un trouble douloureux chronique peut être accompagné dans un cadre psychothérapeutique.

16 cas cliniques variés sont ainsi explicités afin que les expériences douloureuses des patients ne restent plus « anecdotiques » ou considérées comme banales ou inévitables selon les contextes.

2022 • 30,00 € • 9782100835768

Rejoignez-nous sur :
facebook.com/editionsdunod

DUNOD
une page d'avance

BULLETIN D'ABONNEMENT

☑ Oui, je m'abonne à

La Revue de l'hypnose et de la santé

Bulletin d'abonnement à retourner à

Dunod Éditeur
Service abonnement
11 rue Paul Bert - CS 30024
92247 Malakoff Cedex

LA REVUE DE *l'hypnose* ET DE *la santé*

Adresse de livraison

Organisme : ....

Domaine d'activité : ☐ Hypnose ☐ Psy ☐ Médecine généraliste ☐ Médecine spécialisée ☐ Paramédical

Nom : .... Prénom : ....

Adresse : ....

Code postal : |__|__|__|__|__| Ville : .... Pays : ....

Tél. : .... Email : .... @ ....

☐ **Je choisis l'abonnement d'1 AN comprenant 4 numéros + 4 newsletters exclusives + l'accès en ligne à tous les articles parus depuis 2017 + Le replay du Colloque 2022**

Tarifs Particuliers	France	Étranger • DOM-TOM	Nombre d'abonnements	Montant
Étudiants*	59 € ~~64 €~~	59 € ~~64 €~~	....	.... €
Particuliers	69 € ~~78 €~~	79 € ~~88 €~~	....	.... €
Institutions	120 €	135 €	....	.... €

☐ **Je choisis l'abonnement de 2 ANS comprenant 8 numéros + 8 newsletters exclusives + l'accès en ligne à tous les articles parus depuis 2017 + Le replay du Colloque 2022**

Tarifs Particuliers	France	Étranger • DOM-TOM	Nombre d'abonnements	Montant
Particuliers	120 € ~~156 €~~	140 € ~~176 €~~	....	.... €
Institutions	220 € ~~240 €~~	230 € ~~270 €~~	....	.... €

Les tarifs ci-dessus incluent la TVA en vigueur. Offre valable jusqu'au 28/02/2023.
* Tarif Étudiant applicable sur présentation d'un justificatif. ** Le prix inclut les frais de port de 0,01 €.

TOTAL TTC ....,01 €**

DU21307

Mon réglement (à l'ordre de Dunod)

☐ Par chèque à la commande ☐ À réception de facture **Signature**
☐ Par virement, en précisant en référence votre nom (NATIXIS • IBAN : FR76 3000 7999 9904 1041 4600 245 • BIC : NATXFRPPXXX)

Pour toute information

- Par e-mail : infos@dunod.com
- Par tél. : 0 820 800 500 Service 0,10 € / min + prix appel

Je complète ma collection • N^os^ disponibles, à commander sur www.dunod.com

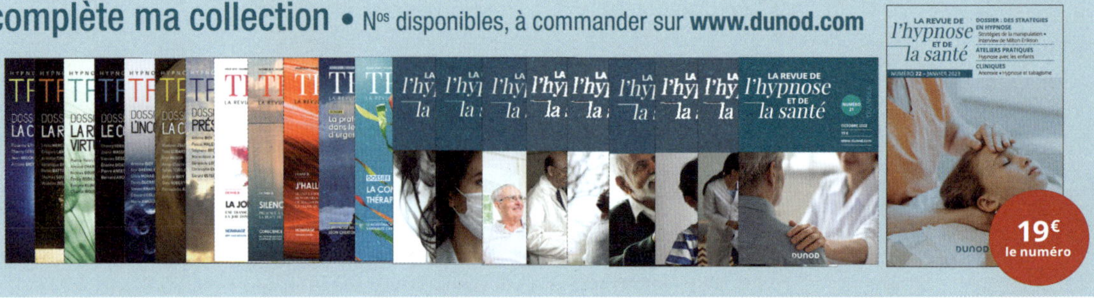

Retrouvez toutes les informations concernant TRANSES sur **dunod.com/revue-hypnose-et-sante**

DUNOD

Dunod Editeur traite vos données afin de vous informer de ses actualités liées à votre activité. Vos données sont conservées en fonction de leur nature pour une durée conforme aux exigences légales et susceptibles d'être complétées par celles que vous avez communiquées aux autres éditeurs du groupe avec lesquels vous êtes déjà en contact. Vous pouvez retirer votre consentement, exercer vos droits d'accès, de rectification, d'opposition, de portabilité, ou encore définir le sort de vos données après votre décès en adressant votre demande à infos@dunod.com. Vous pouvez également introduire une réclamation auprès de l'autorité de contrôle. Pour en savoir plus, consulter notre Charte données personnelles.